就想开家
小小的咖啡馆

咖啡馆创业整合经理人——王诗钰　著

不是砸钱就能开好咖啡馆，想清楚开店的初衷、理念及定位，

解构盲点、确立目标、做对的事，建构逐梦成真的创业路。

南方出版传媒

广东经济出版社

·广州·

图书在版编目（CIP）数据

就想开家小小的咖啡馆 / 王诗钰著. —广州：广东经济出版社，2021. 5
ISBN 978-7-5454-7046-8

Ⅰ. ①就… Ⅱ. ①王… Ⅲ. ①咖啡馆—商业经营 Ⅳ. ①F719. 3

中国版本图书馆CIP数据核字（2021）第255235号

版权登记号：19-2019-117

责任编辑：赵　娜　张晶晶
责任技编：陆俊帆
封面设计：居　居

本作品是《咖啡馆创业核心关键》的中文简体版，2021年通过四川一览文化传播广告有限公司代理，经台湾城邦文化事业股份有限公司麦浩斯出版事业部授予广东经济出版社独家发行，非经书面同意，不得以任何形式，任意重制、转载。本作品限于中国大陆地区发行。

就想开家小小的咖啡馆
JIUXIANG KAI JIA XIAOXIAO DE KAFEIGUAN

出版人	李　鹏
出　版 发　行	广东经济出版社（广州市环市东路水荫路11号11～12楼）
经　销	全国新华书店
印　刷	恒美印务（广州）有限公司 （广州市南沙经济技术开发区环市大道南路334号）
开　本	787毫米×1092毫米 1/16
印　张	12
字　数	167千字
版　次	2021年5月第1版
印　次	2021年5月第1次
书　号	ISBN 978-7-5454-7046-8
定　价	72.00元

图书营销中心地址：广州市环市东路水荫路11号11楼
电话：（020）87393830　邮政编码：510075
如发现印装质量问题，影响阅读，请与本社联系
广东经济出版社常年法律顾问：胡志海律师

序 ————————————————————————————————

经常被问到的一句话是，你的店名是什么？

抱歉，我没有自己的店。

是的，我写了咖啡馆开店的书，我告诉大家如何开一家咖啡馆，我的工作是开咖啡馆，但我没有自己的咖啡馆！

那么，我凭什么？

如果我只有开过一家咖啡馆的经验，那么我能提供的就仅止于一家店的经验，但我有开过许多店的经验，是否能给得更精确些呢？

这是一个喜欢看到美好成功那一面的世界，但是偏偏成就梦想的路是非常艰辛痛苦的，甚至让人每走一步都想放弃、想回头，失败的例子绝对是不胜枚举。

从来，我就不是一个在世俗常规环境里养成的咖啡师吧！

履历表里我从没详细说过我的成长。高中联考后，我转而开始念夜校，从劳保可以加保的年纪（16岁）就开始打工，从麦当劳的打烊班开始。当时的麦当劳进入台湾10年已非常成熟且业绩惊人，每天的打工生活都是相当忙碌、充实，白天同时在方亭咖啡打工，这是我的第一份咖啡馆工作，晚上去读餐饮科，经常累到上课都在睡觉。就这样高职毕业后走入社会，到一家面包连锁店——卡莎米亚应聘开店干部，开始跟着公司一路往南开面包店，进入中央工厂一路从高雄再开回台北，在还不到20岁的年纪当上店长，自觉学历上的差距，再回到当时的弘光专科学校选读食品营养，白天则在当年时薪最高的餐厅T.G.I Friday's打工，与一群很优秀的伙伴一起工作。那段时间我培养了外商连锁体系运作的思维，还形成了我在后来的服务工作中保持弹性的习惯。同时，爱玩没钱玩的我，利用放假空档去旅行社担任导游带团，更培养了自己的责任感。带团其实是扛下一整车人的身家安全又要让大家开心、平安，在吃喝之外，也因此练就了玩乐的本领！

毕业后，正赶上星巴克刚进入台湾地区的第一年，星巴克正如火如荼地开拓中，我毛遂自荐积极去应聘，从储备干部做起，有幸参与星巴克扩张到台湾咖啡消费市场的全盛时期。在担任店经理的过程中，我带领团队伙伴取得了许多优异成就。离开连锁外商公司，进入独立咖啡馆，我选择了当时很喜爱的咖啡馆——胡同饮集聚场，保留了过去在连锁体系学习到的系统化、标准化思维能力。进入胡同，我归零学习所有咖啡技术知识，接触精品咖啡，没有任何后勤、凡事自己来的行政事务工作，每天到市场采买制作餐点、甜点的材料。胡同算是当时台中文艺青年最活跃、最领先的咖啡馆，每个月举办展览、演出活动、讲座，当时我们一档一档地排、一档一档地做。当时没有发达的网络，但参与的朋友都是些很棒的人，每一个活动我几乎都从头跟到尾地参与，开心得不得了，好多好多现在已经是大师级或独霸一方的人物，当时都是名不见经传，一起成长的。

胡同的经验奠定了我独立开店的能力。一是与当时的同事一起成立三时杏仁茶坊，从零到有，凭着30岁的勇敢与无畏，开出一家别开生面的小店。二是后来随着胡同团队接洽台北地产代销公司的豪宅专案，这是非常特别的经验，我们必须每一季跟着代销公司的售房计划，在预售房中开出一家咖啡馆。由于是豪宅市场首次尝试提供这样的服务，目的主要是述说居住生活美学，我们也一起面对、共同尝试，从菜单的设计、咖啡的呈现方式都必须跟着一平方米接近一百万新台币①的房子拉高到一定的档次，才能与目标客群对话，这更是技术服务乃至咖啡师魅力的提升。

离开胡同后，我遇到一个独立开店的重要机会，就是开了AKUMA CACA。2008年正值金融海啸，市场一片萧条，AKUMA DESIGN的老板想将设计公司搬出普通办公大楼，打算在仁爱圆环最安静角落里的小巷子落脚，但因为有一个地下室闲置，他希望能够结合一家咖啡馆，作为启发设计灵感的地方。当时，看到这么有挑战的地点与入口的玻璃屋设计理念，觉得很有趣、可以试试，于是我毅然决然地留在台北，试想一身学来的本领是否真的有用，即便换了城市，即使遇到这么糟糕的市场形势，好像也可以拼搏看看。AKUMA CACA在当时被定义为一家时尚、结合设计工作室、有固定展演与售卖许多设计商品的手冲精品咖啡馆，随后我们陆续开发出两家不同商圈形态的分店。

由于AKUMA CACA的定位清晰，后来我们有机会接下A HOUSE这家以Acappella② live house为主要理念的咖啡馆设计与专业技术导入的顾问案子，这是我第一份以顾问身份执行的工作，这更是一个挑战。咖啡馆位于东区最热闹的区段巷内，业主希望像欧洲咖啡馆那样能够固定安排现场音乐演出，且音乐类型锁定为Acappella，将之推广并为演出者提供一个舞台。为了这样的音乐演出类型，这种空间演出模式直接区隔为以爵士、古典、全独立创作为方向来定位。成

---

① 1新台币=0.2213元人民币。

② Acappella，即阿卡贝拉，无伴奏合唱，是源自意大利中世纪的教会音乐，只以人声清唱，不用乐器。

立演出空间着实更直接面对各种开店法令上的问题，当时适逢"地下社会""女巫店"等台北演出空间的适法性事件，所幸 A HOUSE 当时在各方面预先通过法律顾问等确认，合法开店，也因此在那几年顺利地将这样的音乐类型在台湾推广开来，并造就许多获得金曲奖肯定的职业团队。当时我们还让这空间结合偶像剧演出成为拍摄场景，这些都是很有趣的开店体验。因为这两家品牌，我在这几年有了大量现在回头看非常非常精彩的成长，看似专注在开店管理经营上的跃进，但与此同时制作咖啡的技术更是精进很多。我很幸运一路走来都有很棒、很认真的伙伴与我一起前进，以精品咖啡的脚步结合跨领域的空间。我的本分就是维持更好的咖啡品质，鼓励我的团队伙伴积极参加咖啡比赛磨炼技艺。同时，我也参与评审的学习，接触更广泛的咖啡圈活动，自办很多有关咖啡的讲座，等等。在这样的跨领域空间每天还要维持日常的营运，工作内容多，强度相对大，但能有一群热情积极，对生活、设计、音乐、咖啡都愿意全心投入的伙伴，就是这段时间最大的收获。这些年来，伙伴们一个一个陆续成立一家家属于自己的店或品牌，每每看到或听到谁又有本事当老板了，我心里都非常开心。

在这段时间，我也曾经与朋友共同投资顶下一家街边小咖啡馆。这是一次很棒的体验，让我看见自己的问题，因为这是一个失败的开店经验。凭着义气与顶让金低廉的想法投入，并未做好方方面面的评估，也没有设想好定位和理念，让我从实际出资经营者这个角色，看到许多之前从经理人角度看不见的点，也让之后的我更谨慎，在面对想开店的朋友时，会想到自身体验从而更直接地提醒。

工作将近二十个年头未曾停歇过一天后，我面对巨大的低潮，决定让自己完全停下脚步好好休息。面对忙忙碌碌后的自己，我去内观、旅行、流浪，我让咖啡离开我一段时间，慢慢地，我才回到咖啡领域教学、分享，开始整理过去的工作收获，转变自己的工作模式。我陆续接下乐埔町、一号粮仓、品墨良行、café forro等餐饮空间的咖啡教学设定。之后我加入台湾咖啡大师林东源的GABEE.团队协助品牌的跨界合作案执行，看见更专业、更完整、更具规模的跨地区合作运作。缓行走出人生低潮困境，我始终记得这段日子的模样，归零重整。

这一路的转变调整，各式各样"幕后黑手"式的开店经验，一直有朋友建议我好好整理以供分享，老实说，大方分享这点很吸引我。于是，先有了机会通过好友也就是知名餐饮空间设计师郑家皓的邀请与他共同合写《设计咖啡馆开店学》一书，这本书的出现，让我的出版团队产生独立撰写一本好好谈咖啡馆开店创业的书的想法。于是，正好在前些年忙完大好青空市集统筹工作后的我（参与各式各样的市集活动也是我很重要的人生经历），手上开始有三个风格迥异的案子陆续接下，我们便决定顺势记录这三个案子的开店过程，作为这本书很重要的案例分享。在此非常感谢台北闹咖啡（NOW coffee）、新竹或者书店、东京DOMO CAFÉ的业主与所有设计团队、工作团队无私的分享与资源的提供。

在本书的写作过程中，我数渡关卡，感谢我的主编宜倩，还有协助我记录整理的景威，理解我追求完美的风格，因此我们从一本教导致胜关键的教科书，调整为一本更接地气的书，更能够让作为读者的你找到自己开店逻辑的书，静心想想开店的一切，不贸然而更谨慎、更尊重地去看待。钱真的不好赚，每一家店的成立都该是有意义的，确定了再开，我不想当一个鼓励开店的人，我更想当一个踩刹车的人，一个看见更多精彩、有趣的好店诞生的人。

最后，特别感谢一直让我能够无后顾之忧、让我任性的家人，还有一路因为咖啡而有缘结识的这么多勤勤恳恳、真真切切的好朋友们，每一位都在各自的领域坚持并热情投入，乐于分享，有幸一起品饮这杯层次丰富的人生咖啡。

目录

后记

CHAPTER 1

拜托!

请不要开
咖啡馆

起心动念自问3题

1. 对于这家店的样貌有具体画面了吗?

2. 获利模式,和同类店相比的具体差异是什么?

3. 我的个性特质适合当老板吗?

常听到一句话:"想要'整'一个人,就叫他去开咖啡馆。"这是为什么呢?开咖啡馆利润低、翻桌率低,就如大家所想象的,开咖啡馆很难。不过,现在想要开咖啡馆的人却越来越多,不外乎这个年头经济不景气加上大家都有个开店梦,但就如前面所说,这个"难"可能是投入资金三百万,撑不到半年可能就以"拜拜"收摊。为了能够更有方向,准确地实现开店梦想,很多人来找我做他们的开店顾问。

你想要开
一家什么样的咖啡馆？

找我询问开店想法的人，首先我一定会问："你想要开一家什么样的咖啡馆？"我会十分好奇，且是以"顾客"的角度想了解你打算开怎样的店。如果得到的回答，描述出来的店家样貌让我产生兴趣——符合现在的市场又具有差异性，我就会说："Keep going！"但如果你的想法仍然很模糊、很抽象，或我觉得"还好"，那我可能会劝退你，因为只是"还好"的咖啡馆在这个市场上立足的概率是非常低的。

开一家自己的咖啡馆这件事虽然看似很个人，但实际是，你面对的是"全面性"的市场，甚至有可能受到市场总体的牵动，不仅是你的店所在的那个小区域。所以想开什么样的店是一个很关键的问题，也是我的第一个问题。

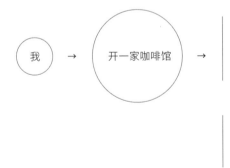

创业"听爸妈的话"一定对吗？

之前在某次咖啡展上遇到了一对父母，因为儿子即将退伍，他们希望将他留在身边，希望他的工作地点不要离家太远，因此希望儿子去拿咖啡证照，并利用自家的一个空间帮其开一家咖啡馆。

这对父母一看到我，劈头就问道："做一个咖啡吧台要多少钱？"

我回答："在这之前我想先知道，你们想要开什么样的咖啡馆？做怎样的菜单？有多少预算？"

但他们只是急切地说："你先告诉我这个吧台多少钱！"这代表他们对做咖啡这件事没有概念或想法，这样开店缺乏目的性，他们只想知道花多少钱能帮儿子开店，把他留在自己身边。这样创业开咖啡馆风险高、问题相对多。

我便回答："我不是很建议你们开店。"他们问道："为什么？"

"你有工作经验吗？"我问他们的儿子，妈妈抢着回答："他有！他有！他有在某某地方打工。""所以你只有打工经验？"我再问他们的儿子，他点头称是。

听到这里，我告诉他们："我强烈建议你们不要开店，如果真的想要开咖啡馆，还是请先去咖啡馆工作，了解别人怎么经营、怎么做再来开店也不迟。"

这时妈妈又问："那有没有人在教啊？让他去学然后直接开店。"

"先去了再说，不要把开店当作你的目标，而是先去好好工作，在工作时思考，如果你是这家店的老板，会怎么做？怎么经营？在工作时所听到、看到的问题，都是未来当老板时需要解决的，而你有没有本事且愿不愿意去解决，当认为自己可以时，再来想你要开怎样的店。如果不做这样深度的自主培养和了解，你其实没资格创业开店，这件事需要很大的勇气，还有对自己深度的认知。"我常说，开店是认识自己很好的过程——知道自身有多少能耐。

我的建议是，开店需要持续累积经验，而不是只听父母或旁人的话，至少拥有一定资历，考虑全面后再考虑创业这件事，将累积的人脉、资金或技术，等等，拿出来规划一家你真正想要的店。

☕ **Tips**　独立型、外带型、强烈个人风格和特色主题型、连锁店……写下你想要开的咖啡馆的类型，并从本书找到你要的答案吧。

开店前的
思考

其实我经常劝人不要开店，因为开店真的是一件非常辛苦的事，而开店所需做的准备及评估事项更是多如牛毛。其中最重要的是经营者开店的初衷、理念与经营定位。我看过许多例子：经营者把理念常常挂在嘴边，却没有拿出实际行动，最后变成四不像，什么也做不成。遇到这样的业主，我的建议是：把想法跟理念转换成条例式、具体并且可执行的经营方针。首先请你先思考几个问题：

☑ **要卖什么？**

咖啡馆除了卖咖啡以外还要卖什么？这代表你的本事有什么，你的技术本位是什么，你的能耐到哪里。你能够改进或创造哪些特点形成自己与其他人的差异化？

☑ **获利模式是什么？**

开店的核心就是赚钱，起码要达到损益两平，绝对不是只有实现梦想而已，而这个商品能不能获利并且有没有能实际运营的模式，是能不能持续经营的关键。获利也可以是理想的实践，咖啡馆是很好的媒介空间，许多品牌、单位也都常跨领域整合。因此，不同的咖啡馆具有相当不同但重要的成立目的，其获利模式也就不尽相同。

☑ **有多少资金及资源？**

开店当然需要资金与资源，这是关键！这关乎你的店会多大、多小，买什么设备器皿，能撑多久。在开店前先整合资金与手上握有的资源才能做好妥善的分配。

☑ **想象中的咖啡馆，你的期许是什么？**

你想象中理想的咖啡馆是什么样子，位置在哪里，目标客群是谁，营业时间是怎样的，等等。

不要怕梦想遥远，
不要怕饼画太大

我和想开店的朋友或业主聊天时，常常会陆陆续续问他们以上这些问题，这都是在建构心目中那家店的画面，若这些元素无法结合成为一个画面，这个计划的可行性或许就会打折扣。

因此在你的脑海里，要有想象力，要有画面，这家店的短、中、长期会是什么？也许现在看起来是"小确幸"，但可能你的目标是连锁店，或是开到另一个城市，或是店有下一个方向……像我之前经手过的咖啡馆A HOUSE，它的第一个目标就是要能做阿卡贝拉（Acappella）的固定展演场地，这是它的初期目标。而第二个目标是在地下室打造一个文艺空间，所以后来我们将它的地下室引荐给专业、有心的经营者，整合成全世界第一间杂志咖啡图书馆Boven。当这些都达成了以后，那接下来第三个目标是什么呢？经过两三年，阿卡贝拉这样的音乐类型在台湾已经广为人知，甚至屡屡入围金曲奖，而这个空间则能让爱好者相聚、表演。因此现在梦想长大了，下一大步则希望可以在别的地区发展，将推广无伴奏人声音乐的目标拓展出去。既实现本来看似很小的一个目标，最后又能实现更大的目标，所以在开店时，清楚了解自我目标，不要怕梦想遥远，也不要怕把饼画得太大。

你适合
当老板吗？

你可能又要怪我管太多，难道有钱、会泡咖啡想要当老板也不行吗？在这里我想要跟你说："不适合当老板的人来当老板就是个悲剧！"来找我咨商，想开店的朋友十之八九不适合或没准备好当老板，这怎么说呢？比方说，你从小没当过学校干部，没有主导过社团，出社会后，进公司没当过任何阶层的主管，这样的资历缺乏下，大多欠缺组织管理能力，也没办法有同理心，并且看不出领导能力，一开始就要管五个、十个员工，这样我不禁质疑：你为什么觉得你可以？另外，有些人性格就是懒散、欠缺自我约束力，有些人则是刁钻、小气，这样的特质，怎么当老板呢？

当然，这个问题不是说你不能开店，而是请你思考：我有什么资格当老板？我适合只管自己就好，还是适合管几个人甚至管几十个人、几百个人？进而再去思考店内的模式：一人管店或是聘请员工。在开店之前彻底检视自己，找到最适合自己的开店方式。

当老板，
你有解决永远解决不完的问题的能力吗？

适才适用，当老板也是一样，要适合当老板才能成为一位好老板！

一个经营者必须具有很多后天的生活经验和工作经验，但同时也要有先天的特质和能力。

当一位经营者一点都不浪漫，你必须清楚认识到，当你开始经营一家店或者一个品牌，你的生活将会被工作占满，你必须有三头六臂同时做很多杂如牛毛的事，你每天都得让自己去接触新的资讯、新的产业新闻，做了餐饮这行你还要练体力，起码可以在工作岗位上持续十小时有效地工作，你必须不厌烦一模一样的事情，你要能够忍受所有的脏、乱并且收拾干净，你要能够控制住情绪来面对挑剔的客人或员工的状态，你要有勇气放手让其他伙伴独当一面，即使出错也要一试，你更要知道你没有选择，这一切都得你扛！

很多人都不想被人管，以为当老板只要管好自己就好，所以现在就业市场最不缺的应该就是老板。你如果做好了上面那些必需的准备工作并且认知你自己是能够有把握做到的，那么你接下来需要具备这些特质：

你要有热情、积极的渲染力，持续地传递经营理念，对员工、产品、品牌都要能够坚持，对所有店务都能保持积极的行动力，对外热情、专业地来呈现你的个人形象，因为你是这家店的灵魂。

你要有面对问题、解决问题的决断力，每天你将会面对大大小小、层出不穷、意想不到的各种疑难杂症，来到你面前的每一个问题都要得到解决。解决得好坏姑且不论，但问题还会延伸问题，你必须有清醒的头脑、智慧的心、开阔的胸襟和背负起这些责任的气魄，如同玩游戏打怪一样，一关一关地过。除了提升经验值，同时所有人也都会透过这个过程检视你，来决定与你一起成长到什么地步，且提醒你一件事，这可能都要你有独自面对并解决问题的准备，因为这一切都是你要做的！

你要建立畅通的沟通渠道，经营一家店会面对员工、顾客、股东，只要是面对人，你都必须学会沟通。主动的沟通协调也好，被动的建立渠道方式会议也好，信件也好，即时讯息群组也好，你都需要沟通倾听，接受各种意见与表达，这使你在遇到问题的时候可以得到最好的支援。

你要有能够坚持并正向思考的意志力，开店经营管理肯定会遇到低潮、困难与挫折。压力过大的时候，自己仍需要有勇气让自己深呼吸，调整脚步后再开始，给自己打打气继续勇往直前，一直正面、持续地激励自己与身边的伙伴们，达成共识与凝聚力量，突破难关。

渲染力、行动力、决断力、沟通力、意志力，努力养成，尽力而为。

没有差异化
绝对不要开店

建构咖啡馆的画面，画出梦想蓝图，确认自己要当什么样的老板之后，接下来这件事十分重要，更是你能在这个圈子里长久经营的关键——差异化。如果你的商品、你的地点、你的服务没有一项可以拿出来与别人相比较，请你绝对不要开店！这代表你的商品不够好，没有办法让人从口袋掏钱出来买单，开店赚钱是绝对无法实现的。

差异化在于寻找需求与突破口

这里用一个例子来说明什么才叫"差异化"。

曾有朋友跟我说想在某个咖啡馆很多的区域开店，我思考了一下，说："这个区的咖啡馆有个特色，就是有许多连锁或是便利商店型的咖啡馆，这代表这里所需的咖啡是可以快速带走并且偏向大众风味的咖啡。以这么多咖啡馆林立的状况可以推断这里想喝咖啡的人口是足够的，同时可以推断这里有一定比例的人会希望有精品咖啡的出现。因此你想在这样一个区域内开咖啡馆不是不行，或许反而更能集客，因为想喝咖啡的人都会优先想到这里。"

但如果你要在这里开店，就不可以开和他们相同类型的店，这样只会瓜分既有的消费市场，与现有店家短兵相接。例如你观察到这里是办公商圈，就要看在这里工作的人是否可以离开公司外出会谈，如果是不需要离开办公室的，你可能就没有发挥空间——原本做外带咖啡的店家恐怕已将市场占满。但如果这里的上班族需在外办公，或是有需要空间坐下来使用的自由工作者，这就会成为创业的突破口。

看到这里，你必须清楚地思考，向自己提问，对于这件事你是否已经做好心理准备，以及方方面面的了解，创立一家即便是小小的咖啡馆，也绝非是有热情与梦想就足以实现的。

所以在这本书中我就想开宗明义地告诉大家：拜托！请不要开咖啡馆！现实中，我也花很多时间在劝大家不要开咖啡馆。常常前面这几个问题问完已经"打死"一半，而如果你现在还"活着"，那就跟我们一起看下去吧！

Tips　要分辨你所察觉的需求，在这个市场中是"不需要"还是"缺乏"，并要去找突破口创造需求。差异化的目的是创造需求，而这个前提是你能看到这个突破口。

地→事→物→时→人，
掌握开店核心术

开店通常不是一个人而是整个创业团队的事，人才会来来去去，环境更是瞬息万变，明确的方针不仅可以帮助团队了解并朝相同的方向迈进，也能帮助经营者在未来执行过程中随时检视、修正，调整自己的经营模式。一个具体化的经营理念，除了初衷，也包含你对未来的展望。

经营一家店、一个品牌，最初都是从一个想法开始，而当想法确立可行后，接下来思考的就是——想法本身是否具有可实践性。可实践性并不是指实践上的难度（开一家店本来就不简单），而是实践这家店所需要的对人、事、时、地、物等的全盘思考。

接下来的章节，会循序渐进地探讨开一家店的核心要件，以及解决经营实务必须面对的种种问题。

有了整体的逻辑，有系统、有脉络地前进，才能不慌不忙，知所进退。没有必然的成功、失败，在开店这条路上，所有的获得都是给自己生命最好的礼物。

开店五大核心元素：地、事、物、时、人。

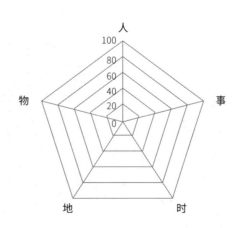

CASE STUDY
实例123

在本书中，选择了三家由我辅助开设的咖啡馆，各有各的时空背景与立脚点，将于各章节最后以"实例123"的单元形式，引用关于地、事、物、时、人的实际应用状况。

新竹／"或者"

图片提供／"或者"

"或"之随意，于是或坐或卧，或读或写，

"者"之荟萃，于是作者遇词，读者遇书。

位于新竹新瓦屋客家园区的独立书店复合餐饮空间取名"或者"，期待"或"与"者"，在此相遇。从设想到筹备，历时一年又三个月，以通透明亮的空间将绿意与阳光引进室内。其一楼为独立书店，二楼则是自然蔬食特色餐饮、小型音乐表演空间与食农教室，为客人提供多元的休闲去处。书店不以商业考量，挑选新书六千本并辅以音乐、文具、食农选品，希望以"或者"的喜好与知音相遇。

店铺信息——shop data

地址／新竹县竹北市文兴路一段123号　电话／03-550-5069　营业时间／10:30—21:00

台北／闹咖啡

图片提供／闹空间　摄影／麦翔云

　　成立于2017年5月的闹咖啡，将复合式文艺空间结合精品咖啡、展演空间、室内设计、质感选物的生活美学整合于台北市老城区中一栋屋龄55年的5层楼天井式建筑内，其创立初衷是建立一个适合自由工作者的工作型咖啡馆，并透过空间设计安排，为大众提供无压力的聊天、读书与工作环境。

　　"闹"有戏耍、玩笑、旺盛、狂欢之义，同时亦有进行、发生等字义，与英文"NOW"相互呼应，期望从轻松、愉快且带点幽默、戏谑的角度看待饮食、工作、娱乐等日常，并以咖啡轻食、文艺展览活动、设计选品展示等方式，满足人们对质感生活的需求。

――――――

店铺信息――shop data

地址／台北市中正区延平南路58号　电话／02-361-3160　营业时间／13:00—20:30

东京／DOMO CAFÉ

图片提供／DOMO CAFÉ

DOMO CAFÉ 隶属于DOMO民泊旗下，团队来自台湾，由于创办人是一位旅行热爱者，在京都品饮续木老师的咖啡时感受到前所未有的感动，并深受其专业影响，有了开一家咖啡馆的梦想。他的第一家店坐落于东京具有异国风情的百人町区域，他冀望打造丰富、多元，同时兼具创新、有趣风格的咖啡馆。

也因中国台湾的咖啡文化借鉴了日本的咖啡文化，DOMO CAFÉ承载着东京与台北对咖啡的想象、冀望。由台湾获得北欧烘豆冠军的"FIKA FIKA cafe"与京都三顾茅庐而来的"Caffé Verdi"，聚合在DOMO CAFÉ撞击出精彩的咖啡风味，在东京汇集成传统与创新相结合的美妙飨宴。

店铺信息——shop data

地址／日本东京都新宿区百人町1-15-29　电话／+81-3-3360-2545
营业时间／周一至周四 9:00—20:00，周五至周日 9:00—22:00

CHAPTER 2

核心开店术：地

选"地"3要素

1. 商圈：充分了解自身商品特性，选择合适商圈
2. 租金：最重要的固定成本需谨慎思考、评估
3. 坪效[①]：有效利用空间、工作动线、座位与整体
   设计以增加店铺活用弹性

在想要开店及确定开店之前，我们已经思考了一件很重要的事：我的店该长什么样子？可能的获利模式是什么？在脑海中已经有画面并知道自己要什么为最大前提，接着我们要开始考量把店放在什么地方，也就是你的商圈地段、地点，这里我们从选地的核心开店术，即商圈、租金、坪效方面来讨论。

---

① 坪效，即单位空间的利用所产生的效益。坪是台湾的空间计量单位，1坪约等于3.3平方米。

从商品差异性与独特性
思考坐落地点

如同前面我一直所强调的，在找地点时首先要思考咖啡馆的消费形态、消费族群与定价策略。假设你要开一家外带店，开在住宅区或社区就不会是第一选择，而应该是办公商圈、人流量大的地方。而想要开在社区里，考验的就是你是否认识这一地区的邻里，是否了解这一社区的生活形态，也就是我们常说的"地缘性"。

举个例子，有次我和一家连锁经营的茶品牌老板聊天，这家茶店旗下除了连锁店，从外带型到座位型的店面都有，老板跟我聊到他们最近开了一家新形态的店在办公商圈内，主打的是花哨的创意茶饮品，一杯均价100元新台币，类似以茶为底的星冰乐。然而热热闹闹开了一年，喝过的客人反映不错，但销售却没有进展，反而出现赤字的状况，打算要关店了。而后来深究原因才发现是找错地点了！因为办公商圈的上班族一般外带饮品的消费价格在50～80元新台币之间，100元新台币以上的单价相对是较高的，而且这样的饮品所需的制作时间较长，外带和外送都不方便，即使商品本身非常好喝、定价合理、有看头且具有营销力，品牌印象也良好，但因为商圈选择错误与误判情势，也可能面临经营困境。因此，必须重新评估、重振旗鼓。

办公商圈产品定价评估情况表

地点	产品	评估结果	原因分析
办公商圈	外带饮品	OK	NT$50~80 → 主力市场
		NG	NT$100的茶品星冰乐 → 制作时间长，外带和外送都不便

用对的方法，
了解商圈消费特性

这也是我想传达的一个观念：如果找地点只是因为这个地方很合自己的眼缘、"看起来"似乎有赚头、透过专业中介获得店面租金赚赔情报很便宜等就贸然签约，我必须说这样的开店前置功课真的不够用功，从一开始的每一步都是关键，请一定要审慎评估！

算人头或依发票号码差分析来客数

认识商圈有很多方法，首先你要开始做分析，但这要怎么做呢？其实说出来也没什么诀窍，就是用"最笨"的办法去观察：去认识你希望咖啡馆坐落的那个商圈，长时间坐在其中观察人流与可能的消费族群的提袋情形、年龄层、停留时间、交通模式等；接着也可以到附近的几家小店买东西，从发票观察来客数，并从附近的便利商店、连锁咖啡店等比较和你相同类型的店家的设计形态、营业时间、人力配置……从这些地方观察来的客人是不是你想要的TA（目标客群）。此外，你必须知道工作日、假日的来客状况，假日人一定多，但也只占一周两天的营业额，工作日却有五天，所以这些都是观察的关键点。

通过专业中介获得店面的"赚赔情报"

而除了"最笨"的算人头外，也可以试着找当地的中介。坊间有很多房屋中介并不如我们想象那样只是买卖房子而已，其实有部分位于商业区的房屋中介还提供"店铺开发"的服务，他们对于当地调研极深，通常会知道这家店之前的经营者是谁，为什么最后会卖掉、顶掉或倒掉，而这些参考依据往往能让你更清楚了解这里的消费族群与消费习惯。

就像我们会发现家附近的茶店，"倒"了之后还是开茶店，或咖啡馆换了老板之后还是咖啡馆，这追根究底其实可能是上一任经营者的判断错误。当我们在寻找店面时应该要去思考为什么这家店当初无法经营下去，仅仅是店家本身的问题，还是消费族群不对。而好的房屋中介就是在这时提出建议，并找到对的房客来承租。这也是我们通过专业人士来找地点的理由，他们更能客观分析情况。

另外，专业的房屋中介，也能让你更了解邻里的关系及状况。台湾许多市中心大多是30年以上的房子，老屋屋况通常比较复杂，一定要详问，除了与房屋中介斡旋租金外，还要预先解决这些或大或小的问题。

在混合式商圈找到属于自己的客群

台湾大部分商圈都是商住混合的，因此你会发现在这样商圈里的咖啡馆种类多元。有些咖啡馆希望什么客层都抓，营业时间就会拉得较长并有多元化的项目可供选择；而有些只想做70%的客人，比如说这里有较多上班族，我的目标客群就锁定上班族，周六、日也跟着一起休息，或是也跟着上班族的上、下班时间，一起开店和打烊。

开咖啡馆毕竟和自我生活、自我品牌设定及其定位息息相关，什么是你想要的，就照着你的思维节奏去做吧！

新兴观光商圈咖啡馆

现在许多商圈符合观光需求，而观光客在很多城市咖啡馆的客源中的确占了相当高的比例，要怎么吸引观光客的注意？首先要思考地区的观光来源是什么及他们来此想看什么。

越有特色，观光客就会越喜欢，不见得要去迎合观光客，把店内的商品做得越清楚，观光客就越容易看懂。例如需要调整的就是菜单上的语言，此外，提供的服务是否让观光客觉得你友善、贴心。

常有人问我，观光客的生意，就是给他"当地的"就好。想想你自己到外地旅行时，什么样的咖啡馆会令你憧憬、心生向往呢？曾有机会与基隆的朋友计划一起参与讨论当地咖啡馆的经营改造，我们就有分析到基隆的观光需求的近况。"港都"基隆有着国际港湾的风华。游轮固定停靠，台湾北部特色海鲜小吃，雨都山海支线风景……其坐拥极好的观光资源，但长时间的边缘化、老龄化，造成基隆的经济增长缓慢及城区老旧。我们共同讨论改善方案时，我提出几个观点：由于基隆邮轮观光多以中国香港、澳门，日本，东南亚地区旅客为主，餐饮方面必须先改善菜单的介绍语言；再者，多数游客有宗教信仰，因此必须标注详细食材，甚至有清真认证等都是必要的；高龄的游客及当地居民，拥有舒适干净的坐式马桶的厕所都是加分设计！旧城区经过岁月洗练，那就直接让这种"旧"成为一种年代特色，去发扬它，让它吸引人。

以往大家觉得做观光客生意是一次性生意，但现在网络发达，运用"打卡"联动亲朋好友，这样的熟人口碑推荐更能造成客户回流。

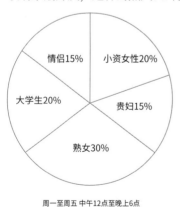

从附近的7-11便利店、连锁咖啡店等地方观察来的客人是不是你想要的TA（目标客群），并且必须知道工作日与假日的来客状况

周一至周五 中午12点至晚上6点

检视房屋隐形问题

想要承租一个店面之前，还有非常多的功课要做。例如现在有许多老屋翻新的房子出租，但里面却有很多隐形的问题在看房的时候可能不会注意，例如，电力、管线、违建等问题；如果需要整修，在修建的过程会不会影响附近的住户、大楼，等等，这些都需要一一检视，还要多问、多看，避免增加更多前期建置预算。我常提醒大家，千万不要以为只有旧房子才会有问题，新房子也有它的问题，如大楼会有许多增列的规范要求等。房子承租后才发现问题，十分麻烦，因此这时就要找到那些细节来处理，让"隐形现形"，并解决它。

邻居可载舟也可覆舟

邻居真的是开店成不成功的"key-man"，相信许多开店的人都能感同身受。好的邻居帮你招揽客人，不好的邻居让你生意做不下去！邻居有多少问题呢？例如台北市因为有台北市民当家热线1999，邻居只要拿起电话，从你动工那天开始，他就可能对你有非常多的意见。因此对于邻居，你必须要先了解：这一区大部分住什么样的人，生活习性是什么。并且思考你的店会不会影响他的生活作息，如果答案是"YES"，他就不可避免地会对你的出现有疑虑或有意见，进而影响你的营运。例如之前的"师大商圈事件"，那里的夜市形态和当地居民的生活习惯截然不同，当然会有所争执。因此在选点时请务必思考邻里关系，事先沟通、敦亲睦邻，清楚、明白地让你的邻居认识你，也多体谅他们因你而做出的改变，以和为贵才能长久，调整自己的营运方式才能达到双赢。

Tips 这世界上没有100%符合条件的"金店面"，我们要学会斡旋与妥协，而一般找到好的店面也需要一季到半年时间。

打肿脸充胖子，
当心开不到半年就"拜拜"

我常提醒业主及朋友："租金一定是你能负担的，在租店面之前一定要仔细算清楚，不要以为一个月只是几万元新台币，小钱！但其实这笔钱每个月一定都要付出去，是所谓的'固定成本'（一般租金占营运成本的8%～10%），而且店面一租就是三五年或者以上，这是因为咖啡餐饮店的成本摊销绝对要个三至五年，而在摊销完之后，才真正开始赚钱。"这也告诉我们不要只签三年内的租赁契约，不然你的店还没开始赚钱就要还给人家了。所以租店面有几个关键点：第一，你在签约的时候租期一定要够。第二，要有优先续租权，在台湾常会听到房东把你的店收回去自己做，自己的辛苦都白费了。第三，好的地段租金通常会逐年增加，一定要记得算清楚自己的营运能否负担得起。

此外，在租金谈判时，我发现开店的人常常会遗忘"建置期的租金"。预计两个月到三个月的装修施工期，这段时间有没有办法减免租金？台湾其实有个潜规则：在建置时期减免租金，很多房东知道但一定不会告诉你，尤其是你第一次开店或没有有经验的人来协助你，一个月5万元新台币的租金，建置期三个月就要花掉15万新台币，而且建置期还不仅只花这笔钱而已，这不是还没赚钱就把钱花光了？

　　因此请记得租约的谈判一定要精算到租赁后，预计投入的开店资本额大小直接关系摊销的年限，也就直接与租约年限相关，如果需要三年摊销的资本，只租三年是否可行？多数房东也会为自己考量很多，因此签约时除了装修期的租金宽限外，针对优先续约权、续约涨幅百分比等，都要先行沟通，并提列在合约内。另外，也建议可到法院进行合约公证，来确保双方未来履约。

 **Tips**

一般来说租店面需缴交2个月左右的保证金，为了不让资金空转，一般店面装潢期会控制在1~2个月，加上图面设计阶段，就是将近3个月的时间。这段装潢期必须准备一笔周转金。有效率的设计与施工，以及装修期的减免租金，在无形中省下不少的店面租金开支。

设计交给专业人员，
经营者更注重坪效

在第一章我提到开店要有画面，你的脑海中可能已经有些画面，会说我想要放很多沙发，感觉会很舒服，但你知道你的店里可以放几张沙发吗？还有人曾经问我："我租了个100平方米大的店面，会不会太大了啊？"但100平方米真的很大吗？有想过要卖什么吗？它可能会需要有厨房、仓库，还要有大型的储存空间等，而且这个空间里可能还有你无法预测的问题。问自己空间够不够大之前，必须弄清楚每个空间的坪效及如何应用，这些都关系店内的整体动线、座位数与规划的来客数。此外，堂食、外带比例的预估与人力配置，这些都是在设计时需要谨慎思考的要点。

这里我们来举个例子，下页是一家美式连锁咖啡馆的平面图，大部分知名的美式连锁咖啡馆都是如此设计，我们来研究一下它的空间设计。图面右手边是上下楼梯的位置，楼上、楼下各有独立的出入口，门不像一般咖啡馆是从正面进出，而是由侧边进出。进门后，吧台、POS机清晰可见，清楚地告诉消费者：到这里点餐，向我买东西。特别的是，在点餐之前会先经过蛋糕柜，以琳琅满目的糕点吸引你，增加消费动机。蛋糕柜的另一边则是咖啡豆与咖啡周边商品，外带的客人等候时可以驻足挑选，同时正对面的吧台内员工又能及时照顾到选购的顾客。

工作空间与座位空间各占一半，且
采取半自助式，节省人力

座位选择多元化，不仅创
造高坪效也增添层次感与
变化性

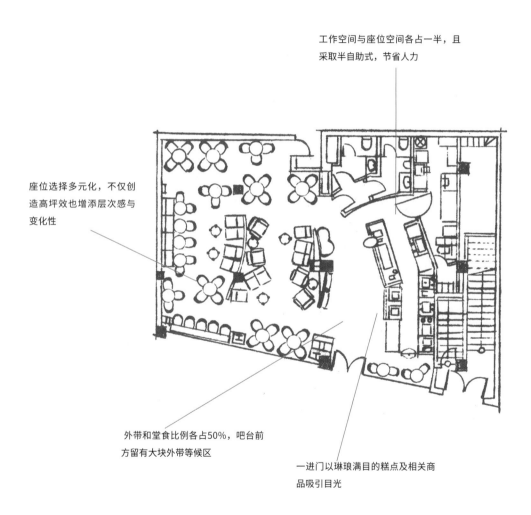

外带和堂食比例各占50%，吧台前
方留有大块外带等候区

一进门以琳琅满目的糕点及相关商
品吸引目光

某美式连锁咖啡馆平面图

只要空间设计得当，就能省人力且提高翻桌率

整个吧台就是售卖所有商品的地方，工作空间和座位空间各占一半，在这个配比上面相当节省人力，所有人在吧台工作就可以了，顶多一个人进去协助后场备料，所有的事几乎在吧台就可以完成。而且采取半自助式服务，客人可以协助完成后续基本的桌面清洁工作，令整个坪效非常高。且因店面只有一个出入口，客人进出吧台内员工都能掌握。

此外，在吧台前面一般会留下一条较宽的动线，这是考虑外带的等候区。这家美式连锁咖啡馆有相当大的外带比例，外带和堂食各占50%，有时候外带比例可能更高，这也是他们的营收能这么高的原因，关键在于外带比例高，因此客人实际使用店内空间的需求较低，翻桌率就能更快。

不只坪效高，还要好用、有意思

但座位会因此减少吗？这张平面图的实际空间，包含内外场大约是165平方米，而座位区则有70个位置，连座的沙发区在中心，这种位置是最少的，但实际上旁边都塞满了座位，有木桌椅、靠窗的桌椅、高脚的桌椅，为空间塑造层次感，也让视觉没有阻碍。想要约会可以坐沙发；需要开会，把木桌并起来就可以；外带也不会影响堂食客人。两间厕所位于最内侧，运作流畅且不会阻碍清洁卫生。吧台后侧则是备料区、办公室及仓储室。

有些人关于空间坪效的算法是：1坪就是用1张桌子、2把椅子来算翻桌率，可是这家咖啡馆不这么思考，可能1坪是1张桌子和4把椅子，这代表它可以有更多的调整性，坪效相对来说更高！你应该思考如何让你的坪效更高，让空间有意思、好用，而且有变化性，但同时又能考量顾客使用时的舒适感。例如平面图上的椅子多数是可以移动的，桌子的款式方便随时拆开、合并，架设投影机就可以举办

咖啡讲座或包场活动，等等，用你的想象力将坪效的各种可能性发挥出来，生意也能有更广的获利。

从这张平面图我们知道，准备开店时，需要谨慎思考坪效使用与空间设计，还有要让客人知道这里是能外带的店还是纯堂食，这些硬件的费用不菲，且当你投资下去后短时间内无法动弹。因此我总是告诉我的业主，要懂得看平面图，且对坪效、空间都很有概念才能和设计师讨论，才能把钱花在刀口上，创造出高的利润。

坪效并非只是狭义的坪数及空间利用换算而已，许多跨品牌合作，或需呈现设计生活美学的空间，留白、氛围营造等，这样的设计所造就的坪效也很高！这可能吸引人来店、打卡、驻足，是创造营销记忆点的关键。

这些是有关"地"的部分，为什么要把它放在讨论的第一个顺位呢？因为空间是经营的基石，绝对不是有个地点就好，或是房子好美、好舒服，或是与你想象的画面很接近就可以，你还必须在经营前就慎重思考上述这些细节，在承租这个空间前就要去了解其背景，并把商业头脑带进来，这才是长远的经营之道。

Tips　与专业设计师讨论，学会看懂设计图是必要的。讨论坪效时，也应该尽可能多观察其他店铺坪数与座位的关系，了解有关桌子、椅子、通道等配置关系。相信你能从中找到最适合自己的规划。

CASE STUDY
实例123

在选择地点时，经营者本身最好具有地缘性，能充分了解与评估这个地方，售卖的商品在这个商圈具有独特性，一般我将业主归纳成三种类型：1. 很喜欢这个地方；2. 找到这个区域的咖啡馆所没有的东西——找到差异；3. 梦想着开咖啡馆。很多人三项都具备，而我所辅佐的三家店，在选址的时候也各有各的思维在其中。

新竹／"或者"

图片提供／"或者"

OT案程序多且复杂，适合擅长掌控时间的店主

　　"或者"的店主是经营电子业相关业务的新竹当地人，因为店主家族有新竹的地缘性，爱书惜书，加上对家乡的期许，因此当竹北的客家文化园区希望他进驻时，这里即成为其首选。在一般人看来这里投资成本高，加上平日来客较少，无法集客，难以获利，但当初店主选点并不以营利为最大目的，而是带着复

兴与开创的思考来选择。

因为是与政府合作的OT案，程序多且复杂，最困难的是一切要按部就班"照合约来"——一定要在合约规定的时间开幕、营运，且从获得场所就开始付租金，无法和私人场所一样，有和房东商量的机会。这样的OT案虽然地点较容易吸引大众注意，但开头建置的成本却也比一般的咖啡馆高上许多。

呼应品牌价值的设计

在空间设计上，"或者"总面积是这三家中最大的，因此一开始规划就加上了户外区，咖啡厅有近百个座位，但后来因为户外有西晒的问题，更改为室外展演空间。而一楼则是书店，严禁饮食，且为了减少房子与人力的负荷，加上到访园区的游客以家庭出游比例高，更需加强全年龄段的友善设计，座位间距规划也相对较大，增加方便放置轮椅及幼儿推车等无障碍贴心设计，最后座位定为60个。

前置阶段就确认所有设计细节与图面

在店面施工时一般免不了遇上一些问题，"或者"当然也不例外：有些设备在进场时才发现和想象不一样，例如风管很大，在客人能够看到的位置，最后为了改善而造成工期的延误。类似情况很容易发生，因此我也常常会提醒各位，前置规划一定要做好，当规划无法预想到的问题和情况出现时，除了要列明责任归属，还要在前端设计阶段，图面看不清楚时请厂商提供照片，或是提供更进一步的说明，尽量在平面阶段就把所有事情沟通完成。当然，也要在与各厂商讨论时，尽量说明你预想到的各种状况，让设备厂商能提供适合你的设备和器材，以免后续的问题与纠纷出现。

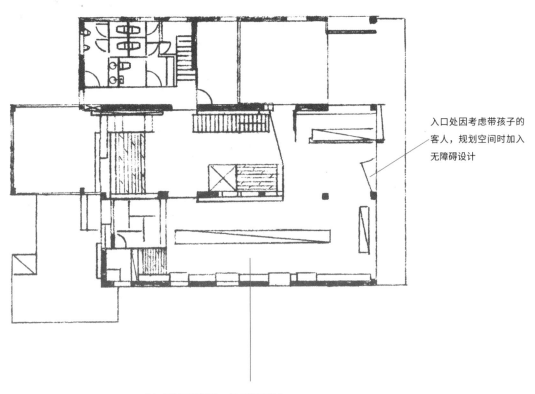

入口处因考虑带孩子的
客人，规划空间时加入
无障碍设计

空间规划预留弹性，便于满足举办
不同活动时的空间需求

"或者"1层平面图

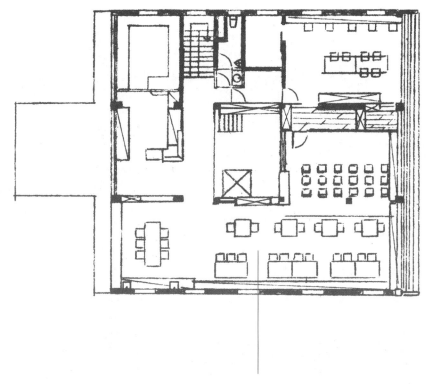

桌椅间距加大，方便停放婴儿车

"或者"2层平面图

台北／闹咖啡

图片提供／闹咖啡　摄影／上一　麦翔云　下一　张盛清

想要"金店面"也要有好的提案

原本从事时尚营销与室内设计的两人，对想一起打造的空间有几个想法：咖啡馆、co-working space（众创空间）、设计工作室、民宿、住宅。看似不相干的几个空间，却又与两位年轻店主原本的生活紧紧相扣。他们在找寻地点的时候认识了我，当初他们正在西门町与北门一带找店面，而我看好北门这一区：北门正在复苏，许多新的旅店正急速增加，常能看到long stay（长住）的欧美背包客，而且还没有咖啡馆进驻，加上这里以前是电器街，一楼多半是店面，楼上则为仓库，屋况普遍良好。唯一的问题是，这一区的房东都非常有想法，因此店主特地拟出了一份经营提案给房东看，从而顺利地租得房子且条件较合乎预算。

完美空间在于有所取舍

"闹"取自城门与市，和北门相呼应，再加上五层楼每一层有各自的用途，因此店主将店名取为"闹咖啡"。50年的老房子有其经岁月洗礼的风华，在空间的规划上，身为室内设计师的店主将新旧融合，保留其历史风味，使品牌差异化更鲜明。但也因为职业的浪漫，在整修时希望能充分利用空间，因此预算超支且因工程delay（拖延）而多负担房租。加上店主认为工作就是要有大桌子、大椅子，要舒服、要能放东西，在咖啡馆二楼的类似co-working空间里仅有10个座位，"牺牲掉"4~6个座位，因此这些就需要多思考营销方案来补足损失的座位数与翻桌率，但同时也要符合品牌理念定位。

临近马路的正面规划为吧台可服务外带，堂食入
口则设置于巷道，也让人有曲径通幽之感

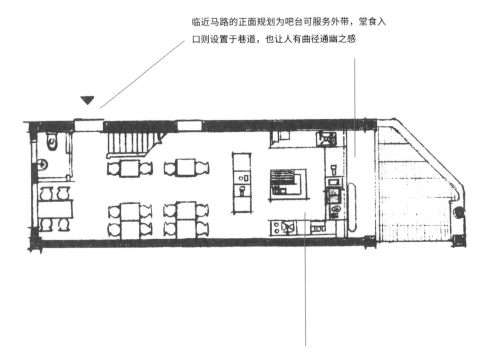

开放式厨房以"n"字形厨具搭配中
岛，并与结账柜台串连，让后场"前场
化"，既节省了人力，又提高了坪效

"闹咖啡"1层平面图

为保留空间舒适感，桌距及走道都相
当宽敞；采用活动式桌子可随意调整
座位组合

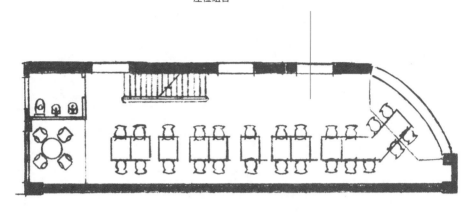

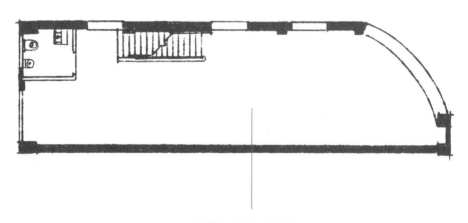

全开放式空间预留好线路轨道，方便
各种活动进驻、展演及场地租用

上／"闹咖啡"2层平面图　下／"闹咖啡"3层平面图

东京／DOMO CAFÉ

图片提供／DOMO CAFÉ

找到咖啡馆最大的卖点

　　DOMO CAFÉ的店主本来就在东京经营不动产，因此当其想要完成开咖啡馆的梦想时，手上就有许多物业可以选择，但令人惊讶的是他将店址选在了异国风浓郁的新大久保百人町。熟悉东京的朋友就会知道，这里是东京有名的韩国区，异国料理林立，不过这里并没有咖啡馆。店主来自中国台湾，正因如此，店主认为：一方面，日本环境较排外，在这里开店不会显得突兀；另一方面，咖啡馆在这个区域容易做出差异，不仅能为来这里用餐的人提供饭后歇息聊天的地方，同时还能为民宿旅店里来自世界各国的游客提供早餐，或许是个好机会。

赋予空间更多可能性

在空间的规划上，串联了两个空间，设有35个座位。在法规上这两区中间为结构墙，无法打通，仅能留下出入通道，但也令设计具有更多可能性：一开始设计师的版本较为现代且座位独立，不过店主希望能让走入DOMO CAFÉ的人觉得时间慢了下来，因此在其中一区以沙发为主轴舒缓空间氛围，也能让顾客可以轻松地与咖啡师聊天，另一区则规划成带插座可办公的座位区，结构墙在此更是巧妙地阻隔了噪音，谁说设计只有一种可能？

工程差异

来到日本帮忙开店，也深刻感受到中国台湾、日本两地区之间的差异，一开始在工程上就让我十分有感触。

不同于中国台湾地区的工程习惯分开发包：水电找一个统包、木工找一个统包

图片提供／DOMO CAFÉ

等，日本的工程多是全部委任一间工程公司统包，有问题找同一个负责人。这就导致如果你想要自己做一块玻璃，自己找上玻璃行问价格，对方会询问你的设计公司是哪间，监工又是谁，而他们不会来帮你施工，也不会愿意报价给你。这是因为他们认为施工是极为专业的事，如果不是拥有专业知识的双方，有问题往往会无法沟通。这样的流程或许略微僵化，但尊重专业这点却是我在日本所看到的值得学习之处。

法规上中间结构墙必须保留，顺势保
留下的通道反而将空间巧妙地切割，
营造出两个空间的感觉

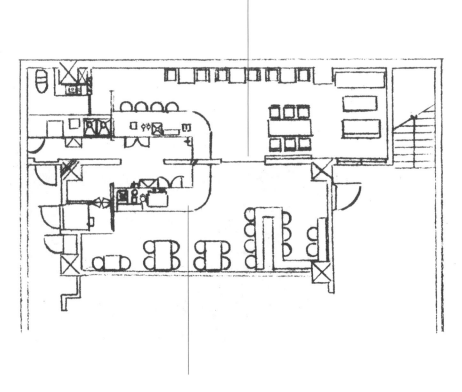

低稳北欧式U形吧台设计，嵌入招牌
灯，台面干净利落，一体成型，呈现
出吧台即舞台的效果

DOMO CAFÉ 平面图

CHAPTER 3

核心开店术：事

开店5要"事"

1. 技术：专业证照和现场实务不能偏废

2. 行政：列出时间表，越快处理越好

3. 设计：让专业的人来

4. 开店前做预算：按轻重配比预算，照计划花钱

5. 开店后管理：按时检查账务和报表

开店要思考的五个核心问题，"地"是最开始要做的事，找到房子是第一步，之后才是"事"的开始。开设咖啡馆，首先要考虑的就是"我会不会泡咖啡""咖啡师的技术有没有到位"，因为是营业场所，接下来有许多行政流程得处理……设计也是现在快时代不得不重视的一环，当然最重要的是资金运用：开店前的预算规划与开店后的损益管理的好坏更是一家店能否成功的关键，这些通通都是不可忽略的大事！多如牛毛的事，事事都大，细节是魔鬼，到底该如何开始？本章将从技术、行政、设计、开店前做预算、开店后管理这五件事讲起。所有事情没有先后顺序，都是环环相扣、同步进行的！

第一件事：
技术

专业证照和现场实务不能偏废

开咖啡馆，最重要的事就是：你的咖啡好不好喝！

经常有人问我："我想开咖啡馆，但是我不会泡咖啡怎么办？"其实我认为想要"经营"咖啡馆，只要找到厉害的人（咖啡师），这件事就解决了，但我也会告诉我的业主们，你有一个好的咖啡师／甜点师／厨师，不代表你就可以高枕无忧，什么都不会，关于店里的商品一问三不知，这很容易让你被员工"绑架"，进而影响营运。我常会提醒店主，你不必是店里最厉害的，但都要了解每一样商品并会制作。

考证照是系统学习的方式之一。台湾有非常多的证照可进修，例如SCA、IIAC等，你可以通过这些证照获得最基础、最完整的技术。不过，这些都只是基础、理论，关键还是要在现场"练兵"，那才是开店成功的关键。

举一个例子，十多年前，学习渠道不像现在这么多元，过去我有位同事，他为了开咖啡馆而来到店内无薪学习。就这样工作了一段时间，在他学成之后打算开店时，大伙打趣道："台中开咖啡馆实在不容易经营，不如你开杏仁茶店如何？"而这样的观点和想法是什么？很简单，把杏仁茶当成豆花，而豆花里面会加红豆、绿豆、汤圆等众多配料，所以在杏仁茶中就加这些，也需要做许多实验。回到之前提过的观念，当决定要卖杏仁茶时，这项商品的"获利模式"和"差异化"是什么？

我们已有传统杏仁茶的制作技术。我把它当豆花来看，就是套用豆花的获利模式来思考，豆浆能卖，没有理由杏仁茶不行，而刚推出时生意不好，因为大家对杏仁茶的观念还是很一致：有种怪味。我们得让大家知道纯的杏仁茶不会有这些味道，那是加香料才有的，这点是在商品上做突破。喝杏仁茶要搭配什么呢？我想你也知道了吧，就是油条或烧饼，当时我将全台中的烧饼和油条吃过一遍后再决定如何搭配，因为油条很油，我就将它冷冻再烤过，去油让它更脆，且沾到杏仁茶不会软烂……这样的思考绝对不是特例，而开店需要具备的思考和实验精神，这些在你上课、实习、学习中都是有可能增进的，所有的经验都会成为你的能量。

术业有专攻，适时"让专业的人来"

技术的培养除了找专业的咖啡师，或是精进自己的能力外，还有聘请顾问。现在常听到人说："让专业的人来！"人无法事事专、事事精，如果你擅长煮咖啡，可能需要一个经营顾问；如果你擅长管理，或许你需要的是一个咖啡教学团队帮你培训咖啡师。这是个网络快时代，很多时候顾客等不到你变好就已经变心了，因此现在开店不能再走一步算一步，而是需要一次到位。但我不会建议一定要聘请一位顾问，因为这对开店的建置成本来说偏高，像我常常做的角色是"补一个洞"而已，协助补强你开店最弱的环节，因为你没有那么多的时间可以同时做那么多事，所以你就需要一个顾问来补这个洞。也许你想要的设计很多、很复杂，这时就可以请专业的设计师帮忙，找到自己较弱的环节，再寻求好的、对的伙伴来支援，技术环节上的问题就可以降低很多。但若是品牌，就必须直接与顾问或者是和已有市场知名度的咖啡餐饮品牌联名合作，这是"1+1>2"的模式之一，更能彼此互补，创造新的跨界商业模式。

Introduction to Coffee

建立咖啡概念知识

Green Coffee

生豆知识

Roasting

烘焙技术

Sensory Skill

开发感官技能

Barista Skill

建立咖啡师吧台
专业服务

Extracting

萃取技术

第二件事：
行政

列出时间表，越快处理越好！

　　行政常常是开一家店最花时间来处理的事，也是必须长期持续的事，很多创业者却常忽略它或只做一半，虽然台湾方面机关行政流程相对来说有效率，可是实际上还是很花时间。因为只是开一家小店，有时候很难请别人代办，例如专利、logo设计、营业登记……可能什么都要自己处理，或者在设计的时候要申请建照、使用执照等，都需要时间亲洽各个机关单位。因此，当你决定开始的时候动作一定要快！列出时间表，哪些要办理，哪些能自己办理，自己不能办理的你要委托谁。

　　很多人碰到这样的状况：开店后没有发票章，发票申请还没有过，不能开发票，发生这样的情况很有可能会被人举报逃税漏税。还有一种状况是甜点店或餐厅，因为器材设备需要的电量很大，一般的家用电无法负荷，所以需要申请"大电"（电力进入住宅前未经变压器调降的电压，目前台湾电力进入住宅前的电压为380V，经过变压器调整为110V及220V），通常从申请到安装一般需要三个月左右，但是很多人是到开店才发现电力超过负荷。

我有位朋友的店开在偏乡，因为店里买了一台大型蒸烤箱，再加上其他设备后，电力无法负荷，在开店准备到一半才去申请"大电"，结果因为店的位置很远，电力工程时间排到很后，一个半月后他的店都开张了电力部门还没来施工，又等了三个月还是没来，由于等太久不得不想其他方法，最后只好把蒸烤箱卖掉，以两台水波炉代替。这虽然看起来是解决了问题，实际上原本蒸烤箱一次可以出餐20份，现在只能出10份，使得供餐效率下降一半，营业额当然也会受到影响。这样的例子也告诉我们：行政事务要列出时间表，越快处理越好！并随时调整，随时跟进。

这些关于和行政机关打交道的事情，可以请教室内设计师，他们通常累积了许多经验，可以尽快帮你安排。至于税务方面，许多会计师也都很清楚，这些都是可以寻求帮助的渠道，而分工执行更是让事情能事半功倍的关键。

行政事务 Check List

☑ 公司统编申请

☑ 营利事业登记申请

☑ 营业电话、网络申请

☑ 银行开户、会计流程确定

☑ 财务预算编制及分类规划

Tips 　行政事务建议使用表格确认执行事项、进度，避免造成开店后的问题，运用细项表单安排进度，并落实double check（双重核查）追踪，更能让开店时环环相扣、繁杂的事项按部就班，避免不必要的时间损失。

第三件事：
设计

什么时候需要设计师？

在谈到请设计师之前，我想先和大家谈谈开店前的美学进修，这不代表你要去上专门的学校，或是特地花钱进修，而是需要在日常生活中提高自己的品位与沟通能力。除了从网络、杂志中获取资讯外，正所谓"读万卷书，不如行万里路"，亲自造访近期知名的咖啡馆，才能了解最近咖啡馆流行的趋势，并且训练自己，能够从整体上分析成功及不成功的因素。

这里提供一个调研的方式：先从外观开始，一直到主题、室内设计、产品、菜单、服务等，一项项去了解其先后顺序，并从顾客的角度来评判这家店。而有了这些积累后，在开店时能更客观地看待自己所需要面对的设计。你可以把你想象的画面描述给你的设计师以及负责帮你装修的工班，让他们知道你想要的画面和效果是什么，这不仅可以缩短设计的时间，也能让空间得到最大化利用。

很多小店会认为预算不多，设计和装潢都自己来，这我也不反对，但要回归第一件事——技术所提到的观念：让专业的人来！如果你具备了相当的工程知识，熟悉行政流程，当然能省则省，但如果你是第一次开店，自己来真的不一定省。

大概在几年前，有一阵子大家很喜欢自己动手设计空间，但在进行到一半时，问题渐渐浮现，比如说动线设计不良，老房子一敲开原来问题一大堆，等等，造成工期延后，房租与人事成本不断增加。如果是在开店后才出现问题，更是麻烦，不只是金钱损失，也会让顾客失去信心。因此我会建议请专业设计师来协助规划，就如刚刚所说考虑建置成本，也许不一定需要请顾问陪同，也许在施工这方面可以自己来，或者是跟着设计师一起架构、完成整个工程，并且尊重专业人士。与设计师沟通预算和经他考量之后，就能给你非常多专业的回馈，让你知道怎么样使店的设计完整，但这都必须在你也有百分之百把握能够确定达成的前提下才选择拆分执行。

尚未到店就让客人感受品牌形象

刚刚我们讲的是空间设计，另一个更重要的则是"企业识别"（corporate identity，简称CI），这是会一直伴随着企业成长的重要元素。

CI代表的是企业的经营理念，并以统一的行为表现和视觉识别对外进行传播与沟通。以前大家并不是很重视这块，普遍认为只是想开一家小店，品牌塑造有这么重要吗？我们很少谈到品牌与平面设计，但事实上它非常重要，尤其是现阶段的台湾，这又是为什么呢？不知道大家有没有发现，现在台湾人很喜欢谈及"生活风格""生活美感"，但又觉得台湾人美感不够，其实只是我们没有去深入思考，经常忽略，比较随性。实际上大众对美感的感受度是很高的，这就反映在一家店"长得很漂亮"，通常那家店生意就不错，大家都很好奇也想去看，而品牌设计就是你对自己店的期许。

在设计品牌形象时，不只是招牌要设计很好，更重要的是整体要有一致性。有些店的logo走日本风，店里设计偏工业风，外带杯盒拿出来则很美式，这样的东西一定会被遗忘。就像我前面提到的美式连锁咖啡店，即使它今天换红色，你还是无法忽略它应该是绿色的，这就是成功的品牌设计：不只硬件，软件也不能忽视。

建筑规划 Check List

☑ 水、电、煤气、消防、卫生检查申请配合

☑ 丈量、绘图、估价、发包、施工、收尾

☑ 正式悬挂招牌

☑ 机器设备进场、测试

☑ 桌椅、家具、家饰进场

☑ 保安、POS系统安装

☑ 大电申请

CI 设计 Check List

☑ 命名、logo、店铺招牌、店卡设计制作、印刷

☑ 菜单设计制作、拍照、印刷

☑ 专利申请

DOMO CAFÉ的CI设计与空间

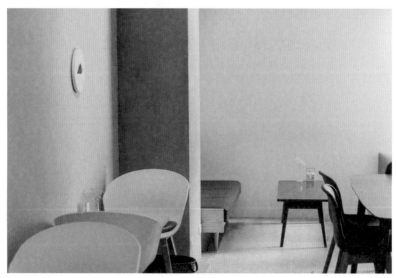

图片提供／DOMO CAFÉ

第四件事：
开店前做预算

按轻重配比预算，照计划花钱

对没有开店经验的人来说，开一家咖啡馆要花多少钱，通常是无法凭空想象出来的，如果在计划阶段时漏列，之后就常会出现因资金不足需要增资、收支失衡等各种问题。因此第四件大事就是将所有必要的费用在开店前做出预算，而这件事在你找到"地"之前就要同步完成！虽然第一个步骤是找地，但当你付了订金后，所有的计划都会逐步开始进行，因此先做出预算表绝对不可忽视。

预算表内需包括房租、建筑设计、机器设备、器具、营销、人事费用等，依照每个人重视程度不同划分百分比，例如有人希望能打造"打卡"店，设计费用相对就会提高，有些人重视冲泡的水准，可能就会购买昂贵的咖啡机等。先分配大项目，再运用减法法则逐一调整，就能做出适合自己的预算表。

咖啡馆所需主要开办费用

☑ 房子取得费用：取得店铺所需的费用，如押金等

☑ 设计施工费用：内外装修与施工费用

☑ 机器设备费用：吧台、厨房设备等费用

☑ 食器、杂项费用：店内所需的食器与杂项器皿费用

☑ 开业各项费用：包含招聘员工等必须费用

☑ 营销费用：宣传广告等费用，包含CI设计等费用，可控制在5%～8%

☑ 试做材料前置费用：开店前试做商品的材料费

☑ 人事费用：开业前准备、训练等人事费用

☑ 营运费用：开业后必要的营运资金

☑ 周转金：半年左右的营运费用

　　许多人在开店前就把前置费用花光，而想开始动用周转金，这非常危险，也是很多店开不到半年就关门的主要原因。在做预算表时务必将可能超过的金额也列入计算内，工程可以延误多久也要明确订出，法规、气候等都会对其影响，而这些延误都会增加预算，因此不断回头检视预算并调整也是必要的功课。

 Tips　　预算编制，强烈建议以占比的方式计算，若以数字的方式计算则容易混乱。用占比思考，套入金额数字，较易找到问题从而进行微调。

拟定营运成本

　　开店是梦想的实现，但不可否认钱是关键，更关乎你的店能开多大、多久。店里需要营运周转，不管是谁，在开业之后，都想要尽可能地稳定成本，并将每个月的资金运用分成浮动成本与固定成本两个部分来思考，开业后的资金运用可参考以下。

每月资金预算分配表

项目	明细	营业额比例
浮动成本		
食材	饮料成本 料理成本	30%
人事费用	正职员工薪水 兼职员工薪水 奖金 退休金 劳工保险 健康保险 招聘费用	25%
杂费	水电煤气 营销费用	12%
	其他（消耗品、事务用品、修缮费、通信费、权利金）	
固定成本		
店租	店租、公共费用	8%
初期条件	折旧费 利息	18%
	店主的人事费用	

Tips 若为个人经营的店，则一开始就应该将自身的薪水放入固定成本内，才好持续观察店内的营运状况。

第五件事：
开店后管理

管好你的账务和报表

开店之后，以为大小事情渐渐减少，只剩下每天的营运而已，那你就大错特错了！现在才是"战争"的开始，每天店门一打开就是"钱往外丢"，有许多人抱着梦想、浪漫来开咖啡馆，没想到却被"钱"字追着跑，大失所望，直呼误入歧途。要知道咖啡馆门槛虽低，但客单价及翻桌率也低，想要长久经营更是需要锱铢必较，这时需要做好每天面对报表的心理准备。

做账不只是加减而已：日报表、月报表、损益表

当开始开店后，每天就要进行门市的日、月报表，你每天都要知道自己的收入，这也包括你的税务问题，然后是你的损益，很多独立小店完全不知道自己是赚钱还是赔钱。他们的记账方式就跟很多路边摊一样，例如我今天收了100元新台币，一个月下来我收了10万元新台币，然后这个月货款是6万元新台币，人事方面2万元新台币，所以我这个月赚了2万元新台币呢！或刷银行存簿看进出账。但这

样算是对的吗？光说货款好了。这批货是可以用三个月的，就应该摊成三个月来算，所以实际上这2万元，不代表你是赚钱或赔钱，必须去算"损益"。

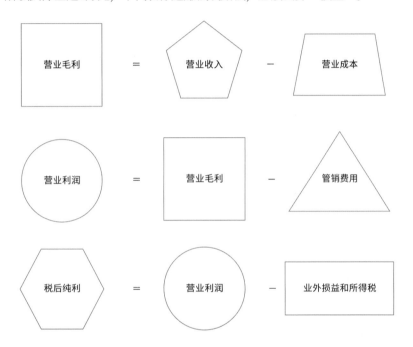

损益就是以上公式，很多老板只做到了第一项，就是收入扣掉成本就觉得这是这个月赚的钱。但这只是毛利而已，我们还要把毛利扣掉管销费用。而大多数的人就只算到这里，把水电、人事等这些期间费用扣掉，到营业利润就结束。不过这还不对，还要扣掉你业外损益和所得税，才是你损益报表最后应该要看到的，此外管销费用还要对照盘点表（请见p081）才会正确。这个月赚钱，赔钱？能不能向股东交代？要看的就是损益表，而这是每个月都要做的事。

损益表是重要的管理依据，依据精确的数字，可思考给予员工工作奖励及努力的方向，也能拟定长期经营的目标。

日报总表

日期	营业总额	折扣／折让（-）	营业净额	内部签账（-）	现金净额（=）	来客数	客单价	信用卡当日总

注：根据POS机的每日报表，如实登记，一个月整理一次存档，会看到清楚的营运数字常模。

信用卡短溢[1]	其他支付当日总额	其他支付短溢	现金短溢	包场活动收入	其他收入	天气	备注

① 将相关金额账存数与实际收入金额核对，可能会出现微小出入，这就是"短溢"。如果金额实存数小于金额账存数，就是短缺；如果金额实存数大于金额账存数，就是溢余。

损益表

店名：×××Café

（202×年01月）损益表截止日期（202×年01月31日）

毛利率　　纯益率　　　　　　　　　　　　　　　　　　　　　单位：万元

	前期	预算	当期	当期销售百分比
营业收入				
销货收入				
劳务收入				
业务收入				
其他营业收入				
总收入				
营业成本				
销货成本				
进货				
劳务成本				
其他营业成本				
销售总成本				
毛利				
营运费用				
管理及总务费用				
薪资				
租金				
文具用品				
文具用品 —— 印刷品				
运费				
邮电费				
修缮费				
水电费				
保险费				
交际费				
交通费				
税捐				
其他费用				
伙食费				
管理费				
加班费				
图书费				
记账费				
杂项购置				
一般行政费用总金额				
营运费用总金额				
营业净利				
其他收入				
税款				
所得税				
薪资税				
不动产税				
其他税款（详细说明）				
总税额				
本月净利				

数字间的奥秘：营运分析1

做完日报表、月报表、损益表后，不是制表完成就结束了，要能了解表单中每个数字所代表的含义，最简单的方式就是与历史资料或是相异店家做比较分析。一般来说当月的营业额出现异常有以下几个原因：

☑ 商圈的改变

☑ 同业或异业的竞争店家加入或倒闭

☑ 内部的营业模式改变

☑ 有无营销活动

☑ 淡旺季

☑ 交通施工及改道

☑ 门市管理不佳

☑ 当月人员流动

其中门市管理不佳和人员流动率高，都是长期性的问题，不会立即被发现，但长时间会影响营业额，需要观察并花费心力调整。其他大部分都可以运用广告、营销、好的设计等补足加强。例如客单价太低，可以想方设法让顾客多带商品，或是咖啡馆常有翻桌率低的问题，也可运用折扣优惠让客人进行二次消费。

鸡蛋里挑骨头：营运分析2

当损益报表分析纯熟之后，可以将店里的各个会影响营运的项目拉出检视，做到全方位的营运审视，这样的方式将令营业模式更为健全，除了能及早发现问题，也能刺激想象，让店内活动更为积极。

第1步

列出当月状况，设定目标，计算达成率，

并与去年同期及前月做比较

当月净利表现

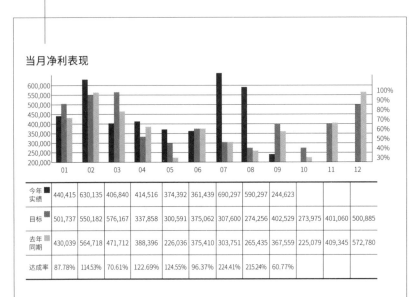

	01	02	03	04	05	06	07	08	09	10	11	12
今年实绩	440,415	630,135	406,840	414,516	374,392	361,439	690,297	590,297	244,623			
目标	501,737	550,182	576,167	337,858	300,591	375,062	307,600	274,256	402,529	273,975	401,060	500,885
去年同期	430,039	564,718	471,712	388,396	226,036	375,410	303,751	265,435	367,559	225,079	409,345	572,780
达成率	87.78%	114.53%	70.61%	122.69%	124.55%	96.37%	224.41%	215.24%	60.77%			

原因分析

净利达成率60.77%，净利率15.21%

1. 今年整体销售不如预期，和去年同期相较下降不少，毛利也较去年同期减少了
   NT$181,220，费用则比去年减少NT$56,854，整体净利较去年同期减少NT$122,936。

2. 费用部分，折旧摊提费用减少NT$5,279，人事费用部分则减少NT$1,845，租金部分则减少
   NT$46,722。

行动方案

1. 根据早晚班目标设定店内活动、当日促销点心和搭配饮品。

2. 要求柜台伙伴面销时提醒顾客，提供试吃。

第2步

分析达成或未达成的

原因并检讨

第3步

提出解决方案

CASE STUDY
实例123

开店就是大事不停、小事不断的一件事，你必须不断解决问题。这些事处理得好，不仅能让开店的过程变得顺利，也能减少亏损与不必要的麻烦，而闹咖啡、"或者"与DOMO CAFÉ这三家风格迥异的咖啡馆也提供了他们发生的"事"供大家参考。

新竹／"或者"

图片提供／"或者"

专业分工的必要性

结合餐饮、独立书店、展演空间的"或者"，表面上看起来因为有着三个复合式的空间而令人觉得复杂，似乎一般人难以效仿，但其实就是"专业分工"。餐饮、独立书店、展演空间各有不同的管理者经营，交由空间总监管理并指导方向。这也是我常跟业主说的：交给专业的人。

把事情分配给"对的人"执行才能达到事半功倍之效，而经营者要做的事是什么呢？除了掌握自己的专业，并能清楚了解每件事的流程之外，最重要的就是培养看人、选人的眼光，并了解适合自己的合作伙伴，如此才能让"事"圆满、顺利。

台北／闹咖啡

摄影／王诗钰

正面迎战"爆预算"这件事

一般开店前期最容易碰到的事就是"爆预算",而我近期经手的这三家店也不例外。然而相较于背后组成是基金会与公司的其他两家店,由私人设立的闹咖啡增资的空间就相对紧缩。原本四层楼的规划是先完成一、二楼的咖啡馆与三楼的展演空间。会超出预算大多是时间的问题。无论是闹咖啡的设计师老板希望将空间设计得尽善尽美而反复修正,还是我常见到老板在动工后仍对空间想象不清,或施工期发生施工上的各种问题、建材更换等,都会导致延期。从租房子的这一刻起就是与时间竞赛,每分每秒都是金钱的投入,亦会造成巨大的成本压力。一般我会建议预留约一成可运用的延期预备金,且不应该动用开店后的周转资金,在租房动工之前完备所有计划,并时时刻刻检视进度与预算,才能将每一笔钱都花在刀口上。

东京／DOMO CAFÉ

图片提供／DOMO CAFÉ

善用消费习惯思考销售

　　因为是跨国经营的咖啡馆，人员稳定度、语言、文化等都是十分大的挑战，比起在台湾开店，需要面对的事情也相对更多。因为前期营销的顺利达标，在日本的咖啡馆圈与IG（Instagram的简称，一个分享图片和视频的社交软件）上引起一阵话题而成为近期东京的打卡名店。然而店主也担心这样的市场热度不能长久，加上店内的消费以提供饮品为主，原本就预想到营业额可能很快就会遇到瓶颈，加上空间不够大、人事成本高与淡旺季等因素，需要另外思考拓展营业范围的方法。

　　在观察日本人的消费习惯后，发现他们享用甜点时不习惯一起Share（分享），而是习惯各自点套餐各自结账，于是DOMO CAFÉ决定运用分隔自己的空间另辟厨房以产出更多手工点心，除了能提高客单价，也更能延续热潮。

东京的咖啡现场

从街头展开的
咖啡消费行为

自动售货机，一直是东京街头吸引人的风景之一。

每一条小街小巷肯定有一两台亮着灯的自动售货机，其密集程度代表着这座城市对它的依赖，它卖各式各样的东西，而且顾客买烟还要认证年龄！

我喜欢在售货机上选择一些限定或便利商店没见过的饮料，尤其是咖啡饮品。如果你曾经也是东京街头的售货机顾客，那你肯定发现每一台售货机上一定有的饮料就是咖啡！在中国台湾，喝咖啡最便利的地方是CITY CAFE，而在日本，绝对是自动售货机！

这座城市有多需要以及习惯于饮用咖啡呢？

便利商店里与咖啡相关的饮品能放满一整台冰箱，品牌繁多，甚至与知名的咖啡馆、烘豆师做联名款。日本的人均咖啡饮用量与进口咖啡豆的需求量更是居全球前十，咖啡消费行为的养成，正始于街头巷尾那一台台自动售货机。过去我以为日本对咖啡的追求如同他们的咖啡馆菜单一般，不外乎是常见的基本品类，咖啡的风味大概分为"本格派"（深焙，强调炭烧及苦甘风味）与"新派"（浅焙，强调果酸及咖啡原始香气），对于添加许多创意做出的咖啡饮品应该只有少

摄影/王诗钰

1.一台自动售货机咖啡品类就有6款，还有标有"早上饮用"的咖啡
2.便利商店的罐装基本咖啡饮品，摆满整整一冰箱
3.日本的7-11咖啡由于需求大，是结账后客人自己操作装杯

数人品饮。但或许是网络打卡发文影像的需求，又或者是在罐装饮品市场里，以星巴克为首的国外品牌各种季节限定创意饮品不断推陈出新的关系，有越来越多的年轻人到咖啡馆里会直接挑选店内最特别口味的咖啡尝鲜，与过去我们对于日本咖啡品饮者的印象大相径庭。

当与日本人一起工作时，他们便期待一向多元多变的中国台湾能带来特有的饮品设计。不过看似口味清淡的日本人，其实在餐饮的发展里是长期使用大量添加物的，这正好与越来越强调原味呈现的台湾饮食主流背道而驰，也使得我们在替日本店家设计饮品的口味上有了一定的难度。添加物的呈现的确会有较佳的视觉、味蕾刺激，因此若要在东京带入台湾餐饮对"原汁原味"的坚持，则需要更清楚的立场与引导。所幸多数日本人对中国台湾地区都有一定的熟悉度，能清楚其中差异，也使得我们在输出中国台湾的餐饮文化时，能逐步累积信心与经验。

CHAPTER 4

核心开店术：物

好店3要 "物"

1. 菜单：菜单内容左右未来经营的数字

2. 物料与食材：掌握料理的核心

3. 设备／咖啡机：让预算与技术做决定

"工欲善其事，必先利其器。"开一家咖啡馆，决定了地点、筹措了资金后，接下来便是决定店内的大大小小 "物品" 的阶段，从菜单的制定，物料和食材的进、销、存管理，到生财器具——咖啡机的选择，都是关系这家咖啡馆能不能生存下去的因素。

一张菜单
决定咖啡馆的人生

当你决定要开一家咖啡馆，也决定要卖什么主要商品并开始筹划、进行资金预算编制后，接着第一个要思考的就是菜单。菜单在你未来的整个经营过程中是非常关键的，因为这家店就是要靠菜单来赚钱。而决定菜单并不是单指决定"商品品项"，因为菜单内容将左右未来经营的数字，其中包括客单价、原材料费、人事费、翻桌率、来店频率，等等，所以不可不慎。

菜单的基本三要素：品牌、成本、定价

在考虑菜单时，第一个牵扯到咖啡的品牌设定，你的目标客群在哪里？空间的思考又是什么？菜单也会关系你需要采购的设备，因此也需要从店内咖啡师与主事者的强项来思考。

一般我协助店主考虑菜单的时候，基本上会依照本来既有的想法去修正，而如果想法还不够完整甚至没有想法时，就会根据店里的状况，找寻合适的方向。

确定商品后，接下来就是算成本与定价钱。食材不是买进来就好，你要把它平摊到最小单位，才会知道是多少钱。在我管理的店里会有一个成本表，上面有最小单位的价格，当价格浮动的时候，我就会知道。因为很多厂商食材在涨价的时候不会告知你，通常会是在月底结账的时候你才发现金额不对，如果没有做成本管理，你根本不会知道原物料涨价了。而当你有最小单位的成本价，例如鲜奶1mL成本是0.1元新台币，300mL成本就是30元新台币，等等，就能对每一个商品的成本都了解得很清楚。计算方式如下：

1.算出每个食材的单位成本

2.以该单价乘以所使用的分量

3.将所有食材以1.2来计算

4.加总第3项所计算出来的金额就是商品的食材成本

5.因为食材的费用与人事费用是浮动成本的两大经费，请一定妥善管控，并在开业
  前就完成此项作业

饮品成本表

类别	品名	材料	含量	单位	单位成本 (新台币)	小计 (新台币)	饮品成本 (新台币)	售价 (新台币)	毛利率	售价调整	调整后毛利率
咖啡	意式浓缩咖啡 （双份）	咖啡豆	19.0	g	1.00	19	19	90	78.9%		
咖啡	美式咖啡 （热）	咖啡豆	19.0	g	1.00	19	19	90	78.9%		
		热水	250.0	mL		0					

食材成本表

类别	区域	物管编号	品名	标准进量	进货单位						价格		单位成本(新台币)	供货商A	供货商B	到货时间
					进货	小包	个数	重量(g)	体积(mL)	价格(未含税)	进货价(新台币)	小包价(新台币)				
咖啡	前吧台		咖啡豆	6瓶	1	10		1,000			7,886	789	0.79			
咖啡	前吧台		鲜乳		1	6		936			450	75	0.08			

确定商品成本之后，接下来则是为商品定价格，这可不能只靠成本与想赚多少钱来决定，附近同商品售卖的状态，与大部分属于哪个区间就是很重要的参考指标。如果附近一杯咖啡的单价在100元新台币上下，而你打算卖200元新台币时，就更需要定清楚单价并找到合适的客群。

在这里我用台中Ivette Cafe做例子。这个店主一开始就决定要开在台中的七期重划区卖澳式早午餐，从澳洲的餐饮学院学成归来的她，在澳洲的咖啡馆工作了很长一段时间，与先生对餐饮都很有想法，因此决定回中国台湾开店。他们的资金算是十分的充足，从里到外都规划得非常完整后才加以推出，而这里不仅有咖啡师，亦有厨师，终极目标就是从早餐到晚餐一并供应。众所皆知，七期是台中地价最贵之处，因此这里一开始即锁定中高消费的客群，那这样的定价既然高于台中的平均消费水平，那么能让当地人买单凭的是什么呢？

店主Ivette一开始就锁定贵妇的消费能力，以及作为亲子宠物的友善餐厅，除了洋溢澳洲风情的空间设计外，店内还有温室种料理需要使用的香草，从门口到店内的每一个角落，都能感受到消费的价值。而翻开菜单，第一页上标示食材来自何处，以及如何运用于料理之中；店内使用的咖啡豆是什么，也会清楚标示，让客人认识到这杯咖啡、这道料理的价格贵得有道理。当你清楚自己店铺的定位在哪里，定价也就能被合理制定而不被影响及混淆，而当完整菜单出来后，才能计算你的客单价，并反映到坪效上，最重要的，有了客单价才能计算你每天的营业额。

菜单上的价位与店里营造的气氛及提供的商品极为相关，不应只依照成本
与希望的利润来定价，而是需要更全面的考量

图片提供／Ivette Cafe

制定吸引人的商品名

我们常看到咖啡馆的菜单就是简单地将品项列出，当然这也没有什么错，大家也都这么做，但如果我们能更花点心思在商品的命名与排列组合之上，是不是能带来意想不到的效果呢？例如商品以其属性来命名，比较可爱活泼的感觉就可以取比较俏皮的名字，如果是有点台湾当地意味的则可以运用闽南语，跟品牌与空间一同规划、相辅相成才能达到最好效果。

　　而商品的排列组合，建议主商品或限定商品就放在第一页或是主页，例如你觉得店内主力精品咖啡很重要，在第一页就放上精品咖啡介绍；而有些店想强调甜点的独特性，因此将甜点介绍放在主页。整个菜单应完全符合品牌风格、空间与你的趣味点。例如在规划东京DOMO CAFÉ的菜单时，店内选用了京都Verdi的续木先生及台北FikaFika的James两位知名烘豆大师的品牌，因此在第一页就是精品咖啡与两位烘豆大师的介绍，开宗明义地强调你想给顾客的第一印象。

DOMO CAFÉ用了京都Verdi的续木先生及台北FikaFika的James两位烘豆大师的品牌，因此在菜单第一页就是精品咖啡与两位烘豆大师的介绍
图片提供／DOMO CAFÉ

随时随地检视商品加入"新血"

当咖啡馆开始营业后，商品在制作与销售上有任何问题，例如客人反映不佳、制作上复杂无法即时大量出产等，一定要随时检视并调整，这些都应该在试卖、试运营、压力测试的阶段发现，才不至于影响店内的营业。

而店里的营业稳定后，也不代表能就此掉以轻心。调整固定的菜单，加入新商品，让客人保持新鲜感来增加回头率是必要的工作。以往更新菜单大部分是跟着季节走，一年至少需做夏、冬两季的新品更换，但因为现在流行来得快去得也快，我建议随时思考、调整，多观察最近流行什么。在咖啡产业中每年都有潮流，例如这几年流行的cold brew（冷萃咖啡）、茶咖啡……是不是都有掌握到，并思考如果放进下一次的菜单里呢？或是店内使用微批次精品豆，没了就得换，口味也需要常常调整，或许也可以干脆两个礼拜或一个月视店里的状况推出新品。现在许多菜单都用夹板呈现，就是希望能更灵活地调整店内商品。潮流，就是顺势而为，但在新品开发过程中，别忘记一定要把控好店的定位。

 Tips　"当季"食材或热潮、流行刚开始时，也可以适时加入新菜单之中，这也是夹板（可调整菜单）派上用场之处了。

料理的核心：
物料与食材

在确定好菜单之后我们就要开始买东西，我们要买什么，物料搜寻到了开店这个阶段当然不是到菜市场、超市买，很小的店则另当别论，实际上你开店之后也不可能再有时间去这些地方采买。咖啡馆常用的咖啡豆、食材、耗材等，这些其实在网络上不好搜寻，你很难知道这些公司的名称。并且这类食品商的网页都更新得很慢，这些店大多是顾问、开过店的人、同行才会知道，可以通过他们来获得这些厂商的资料。

善用不同厂商寻找料理创意

询问同行或开过店的朋友，拿到这些供应商的资料后，接下来也可以在网络上搜寻有关这些厂商的评价与资料，并请他们送目录让你参考，你可以透过这些目录和店里的商品来试制。这中间有一点请务必注意：东西很贵不代表就一定适合，选择店里所需要的东西，要反复确认成本能不能负担，风味、品质好不好。正确的做法是：一定要多找各式各样的厂商，并在开店前就做测试，一般厂商都很乐意提供样品给你做测试，不能提供样品的基本上也可以先买一瓶试用，觉得适合再订货。测试商品时不要觉得有压力，大胆、多样地进行测试，才会有许多收获。测试食材，建议要记录！

另外，台湾有许多很好的进口食材材料商、当地的材料商和当地的农友常做的Demo餐会，他们会聘请厨师或是和合作的店家，不定期在自己的空间试做餐点，并且分享菜单给参与者。例如我参加过一场聚会，由日本食材的材料商请了中国台湾有名、世界级的调酒师用他们进口的一支西班牙橄榄油做三支酒，现场的人都是做甜点和西餐的，和调酒其实没有关系，但会场却用调酒的方式来呈现橄榄油的味道，主要的目的是什么？就是让我们去思考如何应用橄榄油做出更多风味，而参加像这样的活动也常让我们在思考菜单与商品时更富创意。

有关系才有独家

我们除了跟这些食品厂、原物料厂商订货之外，也不要忘了跟他们建立良好的关系，因为他们将会是你这家店除了员工之外最重要的伙伴。为什么？你对业务越熟悉，跟食品厂商越熟悉，越可以掌握原材料，越能创作出好的菜单，也可以掌握最新的资料，比如说快要涨价了等，可以随机应变。另外，快要断货的时候也可以迅速找到替代品，不会让运营有缺口。熟稔后甚至可能有符合特殊需求、独特食材的商品，或是由专门进口特定地区产品的厂商协助独家进口，等等。台湾的进口原材料厂商普遍都具备专业知识，现在食品安全问题多，这些厂商也能帮助店主对原材料的来源及安全性做更全面的了解。这些厂商了解业态，如果你们的关系好，可以从中知道其他同行的情况与市场的状态。因为你每天顾着店里，很难了解产业的状况，这时候透过厂商可以知道正在发生什么事情，他们常能掌握新店开张、店家调整等最新动态。

进货－销货－存货＝0，盘点的重要性

在经营上面一定要做进销存即进货、销货、存货的管理，进货减销货和存货应该要等于零，除非你有损耗，但损耗的百分比也应该要算出来。假设以咖啡豆来说，训练加上损耗一个月预估有10%，而在进销存管理后有没有高于10%？如果超过，那就代表在销售与存货有管理上的缺失，这时就需要去找出是哪个环节出了问题。例如：是不是耗损的记录有错？或是这个月的训练出现状况所以耗损变多了？还是没有注意到这个月的咖啡豆有问题？也有可能咖啡豆的订购量和之前有所差异，等等，这里最主要的就是告诉我们物料要做盘点。

很多小店没有盘点这项工作，但我建议，即使只是一家一个人的小店，也要做盘点。盘点通常分为日盘、周盘和月盘，日盘就是每天要盘点物料，这些东西以耗损率来定，容易过期的、坏掉的要天天盘点，此外，订货量大的，例如鲜奶也需要天天盘点。再就是周盘，例如鲜奶油，用量没有那么大，但保存期限短，我就会把它列在周盘商品里。商品日盘或周盘的规定必须依照品项保存期限或是店内使用频率来确定，当你觉得这个品项每天盘点变化不多，就可以改为周盘。而原本某项物料使用周盘，但却发现每周都要大量购买，代表它的使用频率高，必须常去留意，这时就可能需要改成日盘，频率可根据店内状况随时调整。

这看来是项烦琐的工作，但实际上日盘品项不多，基本上都是能在5~10分钟内完成的工作。有了这样的盘点作业，能大致了解在物料上每个星期花费多少，每个月又花费多少，并能够准确地知道店里的资产成本除了现金以外还有多少。

每个月所有东西都要盘点。每个月月底厂商会送来对账单及发票，此时店主（或是负责人）开始进行当月进货单据整理与对账单及发票的核对，并将整月的零用金采买进货单上的选项数据填入月盘点，将上月期末填入本月期初，再根据POS系统内整月销售估算出销售数，即可得到预估存货，并开始进行实际盘点，核对预估数。然后根据差异进行复盘、抽盘，确保盘点无误差，当期的进货、销售、存货及厂商请款、生鲜成本浮动情况、零售商品售卖、训练耗损税金等都将一览无遗。实际执行下来，就会发现盘点也是对人的管理，当店内有开展盘点工作，你会发现你和员工都能更理解、更爱惜物料。

做完盘点后，最后是损耗的管理。店里的物品耗损，这时可以列出一个比例，包括平常的损耗、教育训练使用、过期要丢掉的东西等你想得到的资讯，都仔细地算进来，这样才能知道店里有没有不必要的损失。例如很多的过期品就是不应该产生的，这代表使用时没有注意先进先出，看到东西就开，每一瓶都打开，所以到最后也不知道哪件是新的，哪件是旧的。这些都很容易发生耗损，我常说开店没有SOP[①]，但若要有，我觉得每天最需要落实的就是管理表格。

日盘表 月份

日期／				一		二		三		四			五		六		日	
星期／																		
厂商	品名	订货单位	安全库存	盘点	订货	盘点	订货	盘点	订货	盘点	订货	安全库存	盘点	订货	盘点	订货	盘点	订货
业务姓名： 电话／微信： 周一、三、五订送	牛奶	瓶	10									15						

备注：每当库存数量等于或小于安全库存，就立刻订货。订货量＝预估使用量＋补齐安全库存量。

例如：牛奶周一盘点为8瓶，估计周一与周二使用量各为10瓶，需订货数量为22瓶（10+10+2）。

 Tips 日盘、周盘除了食材原料外，制作好的半成品、甜点都是盘点的重点。除了确认数量、检视保存品质，也可确认销售情况，降低报废率。

---

① SOP 即 Standard Operation Procedure 的缩写，意思是标准作业程序，就是将某一事件的标准操作步骤和要求以统一格式表示出来。

周盘表

日期／			第一周		第二周		第三周		第四周		
厂商	品名	安全库存	库存	订货	库存	订货	库存	订货	库存	订货	备注
业务姓名：	香草	1盒									
（冰淇淋）	抹茶	1盒									
（三盒／箱）	草莓	1盒									
电话／微信：	咖啡	1盒									

主管签核／　　　　　　　　　盘点／

月盘表——食材
月份

厂商	品名	单位	进价（新台币）	期末盘点	本月进货	本月用量	期末盘点	期末成本（新台币）	付款方式	付款金额（新台币）
厂商： 业务名称 电话／微信：	牛奶	瓶	65	7	187	177	17	12,155	开票（含税）	12,155

主管签核／　　　　　　　　　盘点／

月盘表——耗材　　　　　　　　　　　　　　　　　　　　月份

厂商	品名	单位	进价 (新台币)	期末 盘点	本月 进货	本月 用量	期末 盘点	期末成本 (新台币)	付款 方式	付款金额 (新台币)
厂商： 业务名称： 电话／微信：	白色10oz 咖啡杯 （1000个／箱）	个	1.4	69.0	0	19	50.0	0	开票 （含税）	1400
合计								1400		1400

主管签核／　　　　　　　　盘点／

注：1oz=28.3495g

月盘表——器皿　　　　　　　　　　　　　　　　　　　　月份

厂商	品名	规格	进价 (新台币)	期末 盘点	本月 进货	破损/ 遗失	期末 盘点	期末成本 (新台币)	付款 方式	付款金额 (新台币)	备注
厂商： 业务名称： 电话／微信：	餐匙6×202mm	支	95	60	0	0	60	5,700	开票 （含税）		
	餐叉6×177mm	支	80	87	0	3	84	6,960		0	遗失

主管签核／　　　　　　　　盘点／

月盘表——零售寄卖 月份

厂商	寄卖商品	进价	零售价 (新台币)	期初 库存	本月 进货	期中 售出	售出 总金额 (新台币)	应有 库存	实际 库存	付款 金额 (新台币)	备注
品牌 负责窗口 联络电话	卡片样品	0	—	2	0	0	0	2	2		寄卖
	卡片 大（单张）	115	135	8	0	2	230	6	6		买断
	合计										

主管签核／　　　　　　　　盘点／

咖啡机不仅是"超跑"
也是"发财车"

现在我们到咖啡馆会发现有越来越多新颖的设备，每台咖啡机就像是"超跑"，放在吧台上面非常引人注意。这也代表在设备越来越精良的情况下成本越来越高，但它们将是你的生财工具。因此相对而言，这些设备能不能帮你赚更多的钱、省更多的力，我想这才是采购这些设备时最需要重视的点。

用预算与菜单来决定吧！

在购买设备时，我常提出几点意见供我的业主参考。第一个是以预算来考量。我常跟大家说，店里买的生财设备就像买一辆车，你绝对不可能只是上网找评价就轻易决定要买这辆"奔驰"或那辆"丰田"，而是要先根据自己的预算做功课。除了上网搜寻外，我也建议可以去看大型的咖啡展和设备展，亲身体验品牌及设备，并与厂商交涉。如果有喜欢的机种，也可以找寻使用过这台设备的店家（一般可询问厂商得知），到店做功课，观察他们的工作动线，并对其所用的设备操作有基本的了解，借此想象并思考自己店内的需求。

　　第二个是依照菜单来考虑。因为所有的设备都来自你的菜单，你要做什么料理就需要什么设备，你需要卖的东西产能有多少，则需要思考设备大小与功率使用。因为这也关系店里的整体预算，并需要考虑如何摊销，所以需要预算与菜单相互对照做全盘考量。

Q & A　先买好设备还是先省钱？

　　现在不少咖啡馆也会卖餐点，但不太可能请一位主厨，同时也担心请厨师会被"绑架"：他走了没人做餐点怎么办？因此现在会选择用好的蒸烤箱等设备来做料理，而这样的蒸烤箱加上周边抽油烟设备可能就要50万元新台币，还不包含咖啡机，大概一台三四十万元新台币，这样光这两台设备加起来至少就需要80万元新台币。

　　不过可以换个角度思考，如果一个蒸烤箱在一个假日可以帮你做200份餐点，一份算利润有100元新台币，就能帮你赚2万元新台币，两个假日就是4万元新台币，而小的机器做不到，还需要更多的人力。用这样的切入点思考先痛或是后痛，先买好设备还是先节省资金但后面花费人事成本。这没有正确答案，全看需求与预算。

设备也要摊销在成本之中

买完设备接下来则是做财产清单，这些设备是多少钱买的都要记录下来，编列作为财产清册，并将设备的费用做摊销。比如说你的租约是5年，你想要3年摊销完，后面2年开始赚钱，有了财产清册帮助你管理，才能知道何时开始赚钱。此外保养维修厂商的联系方式一定要留下来，我常遇到想要重新翻新或顶让空间的人，问他机器是跟谁买的。他回答我说："不知道！忘了！"打电话去原厂询问，如果不是跟原厂买或是已经停产都可能无法维修，以至于整台机器无法继续使用，只能报废。与厂商保持联系并定期清洁、保养，绝对也是让你的店持续经营的关键之一。

重要固定资产管制表

部门名称／吧台区　　　　　　　　　　　　　　管理人

财产代码	财产名称	厂牌	型号	单位	购买日	购买金额	附属设备
cafe 0001	1kg 烘豆机			台			
cafe 0002	制冰机			台			

咖啡馆设备
选购要点

意式咖啡机

意式咖啡机是唯一使用帮浦（pump，泵）加压来冲煮咖啡的咖啡机。在使用意式咖啡机时，水温会保持在沸点以下，避免烫坏咖啡粉。而因为其具有平均30秒产出一杯咖啡的速度，步骤简单，能打造成一套容易学习的SOP，意式咖啡机也是大部分咖啡馆的首选。在机型上，有热交换机、多锅炉与子母锅炉的机型可供选择。

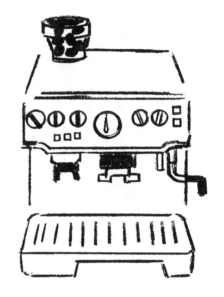

热交换机：最传统的热交换机，一次的出杯量不多，强调手冲感，由于其出杯量少，因此无法达到急、快、多的效果，是喜欢与顾客边聊天边出杯、预算有限的店家可考虑的机型。

多锅炉：价位高，一台单价在30万～40万元新台币，其稳定度高、易操作，且参数设定丰富，出杯量多，适合预算较高或需要一次出杯较多的店家。

子母锅炉：价格与出杯量介于热交换机与多锅炉之间，适合第一次开店的店主，但使用年限相对较短。

平刀 ——

锥刀 ——

意式磨豆机

冲煮意式浓缩咖啡，需要有专用的意式磨豆机，因为出一杯好的意式浓缩咖啡需要花时间才能将磨豆机调校至正确的刻度，如果手冲与意式混合使用，将会是浪费时间的做法。对于有经验的咖啡师出来开店，我会建议他在磨豆机上多下功夫，运用平刀、锥刀等不同刀片去表达咖啡的风味。在店里可以备有两到三种咖啡豆做选择，用不同的磨豆机研磨，让你的咖啡风味透过研磨更完整、更有层次。

更建议采买具有定量功能的磨豆机，可以管理食材用量，调整参数时更加精确。

冷冻冷藏设备

冷冻冷藏柜有许多台湾本地产的品牌可供选择，优点在于便宜、维修方便，但相对的是保温性和耐用度不一定如国际大品牌的好，且一分价钱一分货，材质也有差别。购买二手进口的冷冻冷藏设备，在价钱方面基本上也不会相差太多，但进口设备的维修需原厂零件，有时比较花时间，可能会影响你的运营，如何选择基本上还是要根据店里的预算需求及设备使用频率。

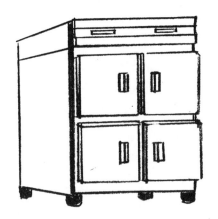

制冰机

在制冰机的挑选上，我会建议买好一点的品牌。有些制冰机制出的冰块容易破碎，或是溶解快、有气泡等让你的冰饮不易量测，无法做出精准的饮品，这都会影响饮品的风味，并让你的冰饮品质无法维持。

烘豆机

现在很多人想开自烘店，但我会请大家思考，自己烘豆非常花时间与金钱，除了自家店使用外，你是不是还有售卖渠道？专业的烘豆师采购咖啡豆跟你自己烘豆所投入的成本相差多少？员工中是不是也有优秀的烘豆师可以互相支援？从这些去考量，别只是一头热地想要当"烘豆职人[①]"。

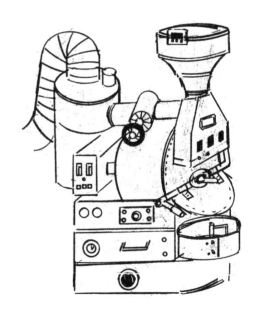

----
① "职人"为日语外来词，指拥有精湛技艺的手工业者。

Cost down不是砍福利和薪资，
是有效的费用控管

开源节流、当用则用、当省则省、钱花在刀口上、专业分工等原则，是每个经营者常会听到也奉为圭臬的运营原则。但是该如何有效执行，哪些是可以思考或执行的呢？开店除了努力赚钱，钱究竟花到哪里去了？我们陆续都提到许多细节，包括在固定成本里占比最大的房租，与房东维持良好关系，以便租金能有合理降幅或能微调，或租约能被很好地履行，最大限度地控制房租成本，等等。

另外，就是要花最多钱的人事成本。将正式员工之薪资列为固定费用，兼职员工之薪资列为变动费用，透过标准化的人力配置与在职训练，增加PT（part time，兼职）员工的比例，以降低人事费用率。也就是，将人力资源，依营业预算目标预做合理、有效的排班，再根据排班表预做好每月人事费用的控管，当每月总结实际上班时数与排班表表列时数有差异时，除了可以快速检视人事费用状态，也能找到原因。

还有一点，我们在设备项目中有提到的，也是台湾许多开店创业者在做开店预算时经常忽略的事项，那就是选购一部性能好的"生财机器"取代人力，提高生产力与产品品质，这是很好的投资。忽略的原因有时是预算不足、配比错误，就在选购时改选较为基础的设备；有时是对设备品牌、性能的认识不足，更多时候是对营运需求评估错误，采买设备时并没有针对需求采购。我最常举的例子是商用洗碗机，一台洗碗机价格大约为12万元新台币，但它可以直接节省洗碗所需的人力，只需要3分钟就可以拿到一批干净且已消过毒的碗、盘、杯子，这是人工无法完成的，且使用的清洁剂和水都能节约一半以上，你大概只需要不到三个月的时间就能从时间、人力、耗材成本上将洗碗机的成本收回。

此外，绝对不可以因为事小而不为之！在小额的支出项目上，皆须妥善保管与使用，并按时盘点，订购、采买都须如实记录、管理，如此才能培养员工爱物、惜物并有效使用店内所有资产的习惯。对各项商品、工作评估后，部分作业可考虑外包合作，以减少各项费用支出。很多经营者会说"我就是所有东西都要自己制作"，但是有时候其实可以找信任且制程、作法、食材都完全合乎理念的合作伙伴备制半成品，这样不但可以减少对设备、人力的投资，还能增加产能。

节流开支首先就是合理降低所有商品报废的数量与金额、收银短溢金额、盘损率，同时要制定标准来严格执行，发生问题时也要通过每月的月会进行检讨、提出解决方案。再者就是，店内各项操作皆应建立标准化的操作规范，并通过教育训练要求落实，例如随时关闭电源、水源，原物料的先进先出原则，设备的保养清洁，等等。

再通过检核各项费用的支出，可以确认所有支出是否都花在应花刀口上。同步带着门市往预设运营目标前进及扩充营业收入，有了正向有效的开源节流，就可以考虑给员工反馈更好的福利、薪资，留下好的人力也是极重要的资产获利方式！

**CASE STUDY
实例123**

一般物品设备的采买与菜单联动，而讲到菜单又牵扯到咖啡馆的品牌设定，这些都需要综合分析与思考。首先需要考虑：咖啡馆的员工会什么？主事者会什么？一般会开咖啡馆的大多是很会煮咖啡或很喜欢喝咖啡的人，再者，咖啡馆坐落的区域也关系着你的菜单及设备，闹咖啡、"或者"、DOMO CAFÉ这三家店因为坐落的区域不同而有各自制定菜单及选购设备的方式。

新竹／"或者"

图片提供／"或者"

 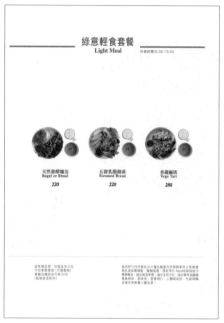

图片提供／"或者"

注：为保持海报设计特色，本书图片未做简体字处理，后续不再作特别说明。

契合品牌形象，以专业与效率作为选品标准

位于新竹客家园区内的"或者"，是亲子餐厅与独立书店的结合。因为老板拥有环境友善的思维，并从家庭也能共食的餐点出发，在菜单食材的选择上当然也是搭配品牌性格，走蔬食、有机、天然这个方向。

而餐饮器具部分，则以崇尚自然、大方实用为原则，并根据好不好拿取，是否容易清洗等使用上的状况做调整。在饮品方面则会先确认容量等细节再决定盛装的器皿，是比较讲求效率与专业度的选择方式。在咖啡部分，为呈现给顾客专业咖啡的感受，使用的咖啡杯反而简单利落，不抢味道的风采。

台北／闹咖啡

图片提供／闹咖啡　摄影／麦翔云

内用菜单、外用菜单

 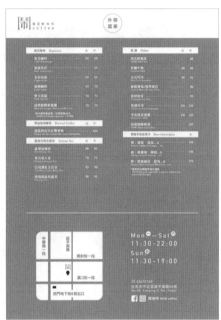

图片提供／闹咖啡

因地制宜，选择当地人熟悉的风味

北门这样即将复苏的老地方，是我认为值得开咖啡馆的一块地区。这里除了有很多的外国背包客以外，平日也十分适合"深耕"当地老客。因此我建议闹咖啡选择深焙的咖啡豆，当地的客人比较容易习惯，不需要调整已经熟悉了三四十年的咖啡味道，而价位也需要考量附近的消费习惯，不适合定得太高。

在器皿选择上面，因为店主人具有设计、营销的背景，喜好较有个性和设计感的器皿，因此需要反向思考：如何将咖啡或餐点配合器皿使用。因此我会建议希望使用独特器皿的店主人，可以在试菜单时就先采买好喜爱的器皿，这样搭配试做才能更有效地利用时间。

东京／DOMO CAFÉ

图片提供／DOMO CAFÉ

东京／DOMO CAFÉ

图片提供／DOMO CAFÉ

统一CI设计，给顾客留下深刻印象

　　台湾地区的创业家在东京开的DOMO CAFÉ，理所当然在餐点的部分会选择推出台湾风味的餐点。并且考虑到民宿的母品牌，在菜单上一开始也有早餐规划；除了店里售卖餐点饮品外也为旅客提供民宿，这些都为店里带来了稳定收入。这也是我常跟店主沟通的，在开店的一开始，你有什么资源，任何可能性都要放进来思考。想到一件事才做一件事，常会感觉凌乱，甚至导致失败。

　　在器皿采买上，DOMO CAFÉ有聘请CI设计师，从logo、整体视觉到器皿统一规划，而这时咖啡顾问所需要做的就是跟设计师沟通饮品的容量、料理的分量等，再由设计师去找适合盛装的器皿。这样的专业分工模式，不仅令商品呈现更为完整，也能让整个品牌、空间的调性由大至小都能一致，给顾客留下更深刻的印象。

咖啡
观察
2

东京的咖啡现场

国际咖啡馆品牌在
东京的生存之道

自从Blue Bottle Coffee进驻东京后，不难发现除了原本大家熟悉的Starbucks Coffee具有国际布局的经营，就连连锁老品牌Segafredo Caffe也在东京的闹市区里完整复制了意大利咖啡馆的经营模式。越来越多独立的咖啡品牌正悄悄且积极地扩大势力范围，那些在欧美具有知名度的烘豆厂，或本身掌握生豆来源的咖啡馆，几乎都将东方作为扩展的第二处所，尤以东京、上海为主。

这样的风潮，无可讳言，一开始是因连锁体系所带动的全球咖啡市场布局，台湾地区也深受影响，才有现在"三步一小间"咖啡馆林立的光景。而近三年，在东京，也有越来越多让咖啡迷们专程从邻近国家前来"朝圣"的咖啡馆，且几乎都是从北欧、北美、澳洲等地来此扩张的品牌！

我的东京咖啡馆地图

我每次来东京一定去喝上一杯咖啡，去的其中几家便是这些国外品牌。Fuglen Coffee来自挪威奥斯陆名店，开在涩谷目前最舒服的小区——奥涩谷，非常靠近代代木公园的上原，有着接近北欧的步调。整个小区这两年出现了许多质感极高的选品店、咖啡馆，好吃到很难买到的美式的三明治、面包店。别以为这样的地方到晚上就安静了，特别的是，晚上的Fuglen会转变为咖啡小酒吧，是少数营业到终电[①]时间的咖啡馆。

Blue Bottle　　　　　　　　　　　　摄影／王诗钰

总店位于加州Santa Cruz（圣克鲁兹）的Verve Coffee，坐落于新宿站南口Newoman商场二楼，一楼还有最红火的Blue Bottle与LE CAFÉ de Joël Robuchon，后者是法国知名米其林餐厅主厨侯布匈在海外唯一的咖啡馆，以其甜点上的优势呈现法式café的优雅。如果你来到Verve，墙面上会清楚地告诉你"咖啡是果汁"这句话，你就可以清楚知道该品牌对咖啡风味的定位，而店里也以许多创意咖啡的有趣形式来呈现，甚至还有好喝的低咖啡因配方可供选择，2017年12月他们在镰仓开出二号店及烘豆厂。

在东京踏访咖啡馆，一定要到清澄白河，我建议可以走一段路，到开幕不久、来自新西兰的自烘品牌ALLPRESS。这里强调的是澳式的咖啡风格，完全以意式咖啡为主体，空间则承袭了清澄白河区工厂的工业风。

---

① 指日本每天最后一班地铁或电车。

Fuglen   摄影／王诗钰

国际化与本地化的平衡拿捏：

高比例的外籍员工、

培养日籍烘豆师……

不难发现，除了大型的连锁品牌，所有国外来的自营品牌在经营上都走一条我称之为"蓝瓶①模式"的路子，在日投资方以取得经营管理权为优先，在开店定位市场时，则雇用高比例的外籍员工，呈现服务上的国际多样化。同时，也设置烘豆厂，在日培养烘豆师，直接进行咖啡豆的烘焙包装与售卖。这绝对是降低成本及做好内控管理并同时取得国外烘豆技术的好方法，且此经营授权模式更有利于提升日本国内整体咖啡市场。更令我感到佩服的是在日投资方在取得经营权

---

① 指上文提到的"红火的咖啡品牌Blue Bottle"。

Verve

摄影／王诗钰

之后，延续这些国际品牌的能耐，他们通常不会任其因本地化发展就"走味失真"，也不会过度追捧导致品牌在网络文化影响下快速夭折。

除此之外，许多品牌也开始以其他方式接触海外市场作为探路试金石。例如位于中目黑偏住宅区域的PNB，其由丹麦咖啡师驻守，店内所有咖啡豆都选自哥本哈根，并以北欧低吧台空间、多样的冲煮手法来表现单品。这样的模式在台湾地区已有较多的合作案例，只是台湾地区大多是玩家、饕客店自行引进，很少有直接合作或导入品牌的经营方式。

可惜台湾地区的精品咖啡市场规模不够完备，虽然咖啡消费额年年增长，但仍以低价便利商店咖啡为大宗，吸引世界各大独立精品品牌到台湾地区设店、设厂的机会相对少。不过，以台湾地区消费者的品位及咖啡师的专业能力，早已准备好接受国外品牌的冲击与挑战了！

CHAPTER 5

核心开店术：时

开店的3个重要时间观

1. 时机：掌握商品差异性就能掌握好时机

2. 时间：营业时间取决于开店初衷

3. 营销：有效营销让客人源源不断

　　当咖啡馆已经处于规划设计、准备执行的过程中，时间等于金钱！房子可能已经开始租用，人员已经进场训练，这些都需要店老板负担费用，此时将与时间竞赛，因此掌握进度是非常重要的。在"核心开店术：时"这个单元，系统化循序整理与"时"相关的时机、时间、营销时间点等，也可以让店主们检视自身的规划是否有需要调整之处。

商品差异性够，
任何时机都是好时机

　　咖啡馆有淡旺季之分，因此应该对此事先做好准备。淡季时开店势必面临大环境与市场的影响，但有个例外，如果是想延长咖啡馆的试运营期或虽人手不足但碍于其他因素必须先开始运营，在淡季开店反而是可行且不错的选择。若是本来就有一定的运营基础，如加盟连锁店，则又是另一种思考：一般连锁咖啡店喜欢在旺季开店，因为此时在人力、物流方面的资源相对充足，选在圣诞节、春节前开店，这样可在一开业就有大量人流制造话题，进而产生营运效益。当然，针对商品属性决定开店时间，是思考"时"这个核心的关键。

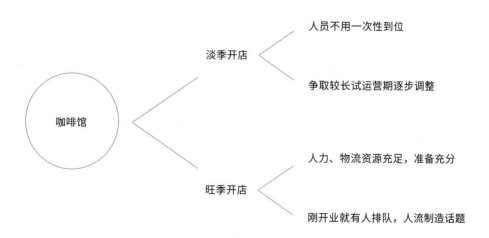

从CITY CAFE^①认识咖啡市场

除了淡旺季，咖啡馆也有流行风潮。CITY CAFE在2015年夏天请聂永真^②设计了热咖啡的外带杯，杯子底色是白色、灰色、黑色，以斜线和短句文字设计，搭配4种颜色的杯套，当时便引起了话题。为什么CITY CAFE要在夏天找知名设计师来设计热咖啡的杯子？对咖啡馆来说，夏天是热咖啡的淡季，但对便利商店的店员来说，制作热咖啡只需要按一个按钮，比冰咖啡快太多，因此CITY CAFE决定在这个时候和你聊聊"我的热咖啡"：我的杯子设计超美，同时还有买一送一或是七折活动，再加上集点换购赠品等多重优惠。这次营销不只提升了热咖啡淡季的业绩，也考虑到了店员在活动期间的工作量。因此有关时间点，逆向操作时不能仅止于想到如何提高这个商品的销售率，还要考虑现场人员在实际操作时能否负荷，避免发生因效率变差而引发客诉等问题。

我也常和店主们说："7-11一杯45元新台币的咖啡就做到这个水准，请知名设计师为他们的产品设计包装，而你想要做个有品牌的店，这就是你要面对的市场。CITY CAFE涵盖的客层很多，这代表所有的顾客都因为它而提升了对美感和品牌概念的认知。如果你没有品牌概念，也没有美感，7-11就可以把你打趴，你也可以不用做了。"

CITY CAFE是个很好的观察对象，台湾地区咖啡卖得最好、咖啡店数量最多的就是它：拥有三千家以上门市，而且一家店不只装一台机器，最多的一家有4台机器，一次可出8杯咖啡，而且咖啡在7-11的总营业额占比是20%～30%，在办公商圈更是非常惊人，这也是他们愿意投入这么多资源在咖啡上的原因。

---

① 7-11旗下自有咖啡品牌。7-11 即7-Eleven，是全世界最大的便利连锁店，遍布美国、日本、中国等国家，起源于美国，现为日本公司所有。

① 聂永真，台湾著名平面设计师，曾为多位明星设计专辑装帧。

CITY CAFE的成功更是连日本人都来学习，是全世界的标杆。我常说开咖啡馆，首先请观察CITY CAFE，你的咖啡能不能煮得比他们好？你的豆子能不能比他们新鲜？一样都是进口生豆，但他们的消耗量很快，且在台湾当地烘焙，所以很新鲜。再者是他们的售价偏低，时不时推出第二杯7折，还可以续杯，我们在哪方面可以胜出？品质好不好姑且不论，他们没有"服务"，这应该是与其他咖啡馆有差异的地方。除了硬件方面，也应该思考营销策略、售卖商品在淡旺季对流行风潮的拿捏。近年CITY CAFE开始卖起咖啡豆、精品豆、挂耳包，广告海报上打出"不一样的更好"的标语。走进7-11，所有海报都换成产地、农友、豆子的照片，它们开始向你传达来自"精品庄园"的specialty coffee，从卖美式咖啡到卖精品庄园豆给你，而你的咖啡馆又提供什么呢？

把"时机"缩短一点就叫"时间"

时间包含营业时间、工时设定、公休日的制定，面对法令与原本营运的状况，这些都会关系排班表薪资与每日营业额的预估。首先营业时间的确定与店内的销售商品、方向密切相关，也和所属商圈的生活作息、属性有关，是要适应商圈形态还是创造商圈新市场？这些都应在开店前仔细观察并设想，毕竟牵一发而动全身，到开店后才大幅度调整营业时间，不仅令客人难以掌握来店时间，也难以培养、累积熟客。以咖啡馆来说，有些只做早餐，有些营业至深夜，这都跟开店的初衷有关，而本身具有什么样的条件和能力，也可以依此来确定营业时间。

这也代表身为店主的你要思考你的店要怎么营业，这些究竟要如何制定，还是要回到前面提过的：消费商圈、客群的消费习惯，根据这些条件决定要卖什么商品，销售这些商品需要多少人力。人力的配置，排班表的制定，薪资要怎样才会合理，如何才能吸引人才来工作，这些都需要经过深思熟虑。

此外，务必根据营业时间来预估营业额。营业时间越长，成本会越高，但你的获利空间有没有变大？这些都考验老板怎么区分与刺激每个营业时段的来客数或人员贡献数。凡事没有绝对的好与坏，但每个决定都牵涉到能不能长远经营。

 Tips 开店前就应该确认运营商品、模式及营业时段，并于试运营期间依照状态调整。最忌讳开店后仍大幅度调整时间，不仅让客人难以适应，容易扑空，也无法累积熟客和诚信。

让顾客看到
你的店是"准备好"的店

以前大家开店普遍都很急，希望赶快装修完毕赶快开业，试运营也只安排两天，这样的状况在这一两年间有了很大的变化！店装修好了，试运营期却变长，常会有一个月左右，而这是为了检视运营时间及工时，以找到最好的运营方式，然后在正式运营前重新调整。以我经手的几家店来说，一开始试卖的两天我称作"压力测试"，先请大量的亲朋好友、邻居、同行们进来吃吃喝喝，测试团队、机器设备与商品出餐的状态，并请专业的亲友提供最直接的建议。两天后检讨修正并接着开始试卖，此时可先用比较简单的菜单，也可以完整推出，让员工用这段时间去"run"（指实践演练），借此观察完整的工作日、假日营运情况，甚至是天气对生意的影响。如果开店时遇到季节转换期或淡旺季转换期，更应该仔细观察，包含各种内在条件、外在环境因素，每天都记录下来，试运营结束之后检讨修正，再正式开业。

试运营Check List

1. 物品准备与确认

勾选	项目	细项
	设备	吧台、厨房设备、料理机器、照明、空调等
	必需用品	餐具、料理器具、办公事务用品、制服等
	营销用品	菜单、店家名片、摆设招牌等

2. 教育训练

勾选	项目	细项
	外场接待训练	外场服务、接待、客席区清洁、厕所清洁等
	吧台厨房训练	内吧饮品制作、甜点制作、餐食制作、备料等
	联合训练	盘点、订货

3. 试运营每日检讨与修正

勾选	项目	细项
	商品设定	重新检讨修正商品、菜单、价格等
	服务	重新检讨修正接待方式与服务等
	空间、气氛	重新检讨修正店内氛围、摆设、背景音乐等
	排班、时间	重新检讨修正店内的人力配置，营运时间等

为什么要这样费时耗工？现在的客人很厉害，他们到店里后几乎都会"打卡"。如果他们写上不好的评价，店开不到三个月你可能就得面对网络各种不好的评价，影响所及难以评估。所以现在开店一定要准备好才行，第一印象不好，你就没有机会了，也请不要拿"我再也不要开店，房租压力很大"来作借口，因为这也反映出你前面没有准备好、掌控好。

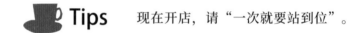 **Tips** 现在开店，请"一次就要站到位"。

勿因店小而不为！
营销是加分利器

营销是店主每天都需要思考的，我常说："不因店小而不做。"营销对于咖啡馆来说是加分的步骤。在现在咖啡馆林立的都市里，提供咖啡、网络、插座及具备吸睛的装潢设计是基本，除此之外，还能通过什么方式让你的咖啡馆在一开始就让人知道？通过什么优势让你的店来客络绎不绝，甚至在众多咖啡馆之中被看见、记得？

口碑营销、内部顾客与熟客经营的相辅相成

正因台湾地区的咖啡馆多是小店经营，且在华人市场，人与人之间交流密切，口碑营销是非常好的宣传手法，这包含亲友推荐、博客推荐文、网络星级评

价，等等。但其实再多推荐与曝光都不是最重要的，咖啡馆想要持久，还是要回到日常，当你把一件事做好，才有可能让你的口碑一直保持在某个位置。

口碑营销其实还有另一关键——员工。很多老板忽略了店里最重要的客人其实是员工。这几年食品安全问题的大爆发，有没有发现其实常常都是内部员工爆料？当然，因为劳资双方的不平等、做假账、做坏事这些问题被爆料的是大多数，但就算你问心无愧，员工对你报复或不认同你，一张黑函也会严重影响店内的生意。而关键就在于老板们没有考虑其最重要的伙伴及内部的客人——员工。

口碑营销最重要的，不是教员工如何把营销话术说好，而是重视店里的每一位伙伴，让所有人参与店内的事务。当大家都明白成本结构，知道商品如何被辛苦产出，经历店里的故事，认识到公司的产品就如他们的家人一般重要，对产品有感情、有互动，才会发自内心思考如何向客人阐述店与商品的特点。如此环环相扣，员工伙伴就是你品牌的最佳代言人。

在口碑营销之后，就是熟客的经营，这也是现在非常多店家无法做好及掌握的一环。因现在资讯传播迅速，网上一搜索店家就能快速让消费者认识、看到、找到，但也因此让店家疲于应付每日大量的客人，与顾客之间没有情感联结，加上当下喜新厌旧的消费模式，所以顾客的回访率也变低。常有朋友和我聊起他们的咖啡馆永远都在面对"首度造访"的客人，因此每次花心思给店里做出改变都不会遇到太大的困难，但也难以被客人发现，业绩总是起起伏伏，无法稳定。如果你是一家培养熟客的咖啡馆，你做出的任何改变都是有影响力的。首先，你会考虑客人能不能习惯；再者，改变过程中，你可能会再顺应你的客人做变动。店里有这样的互动，才会每一天都有所累积、成长，运营也才能趋于稳定。同时要提醒的是，与熟客的关系、分寸拿捏也是甚为巧妙，是需要技巧的。

培养熟客法则

打听环境、了解生态	/	开咖啡馆之前先了解当地咖啡馆生态，最好有在该区咖啡馆工作的经验，通盘理解当地消费形态。
良好环境、坐拥顾客	/	"选点"是餐饮行业不得不精心思考的关键，咖啡馆更是如此。
咖啡特色、符合大众	/	咖啡专业可以培养"老饕"；种类多元，则能凝聚更多顾客，树立口碑。
价格合理、超值服务	/	咖啡价格竞争激烈，各有所好，但最重要的是你能不能提供让消费者觉得值得或是更超值的商品与服务。
新品活动、培养熟客	/	营销活动也是常能增加客源的方式，多与顾客互动，倾听客人意见都能在不知不觉之中培养熟客。

掌握时间、节庆，吸引新客源

这个单元我们在探讨"时"，而营销也可以有"时段"的概念。举例来说，像是Happy Hour[①]，可以在每天的某个时段做活动或促销，例如有些店会在这个时段卖啤酒或限量商品。除此之外，还有节庆活动、新品上市、限时限量等，这些都是可以考虑的"时段营销"。

这里举星巴克的例子来说明。星巴克从创立第一年起就在做一个叫做Make your coffee（调制你自己的咖啡）的营销，这是个淡季的营销活动，目的是告诉消费者星巴克不是只有菜单上看到的那些选择，你可以自己决定要喝什么咖啡！而营销也可以有常态性，像这样的广告发生在每一年的某个时间点就是常态性。再者还有"跟着节庆"做营销，像许多连锁品牌逢年过节都会推出礼盒，这些礼

---

① Happy Hour：起初是指酒吧在特定时段提供半价甚至是免费的饮料，后来逐渐成为商家在消费者较少的时段内进行打折活动。

盒看起来不起眼却能屡创销售佳绩，星巴克单是母亲节蛋糕与中秋节礼盒销售金额就有上亿元。除了这两个节日之外，还有端午节、情人节、圣诞节，等等，都值得店主根据自己的店或品牌属性，好好评估是否参与。

需要注意的是，做这些营销之前要先做营销预算的评估，办活动不是图开心、热闹就好，有些人做营销就像开Party（聚会），活动结束了也不知道花了多少钱，是赚是赔。既然开店做生意，经营者做决策之前不能仅凭感觉，而是要确实评估：活动当天要花多少人力，布置品会花多少钱，这些布置有没有办法再利用。有些人今年做一档活动觉得没赚钱就不做了，非常可惜。这些都是宝贵的经验，事前计算，事后检讨，评估每种类型活动的效益，都能作为经营方向的参考。我常看到很多店家做完今年就结束了，不对！你要去结算它的效益：来的人对不对，是不是你要的，明年或下一季、下一档要怎么做，怎么修正。当然这些事情不一定全部都要揽在自己身上，可以交给店长、副店长或员工们，就如同前面所说，让员工参与店内事务也是营销的一环。

一定要有节庆活动的营销预算表，执行工作分配表、时间表。结束后，一定要有结案评估，把其作为来年的活动评估。甚至之后，都能更早做准备，对外营销，抢得更好商机。

营销活动

检讨修正　　规划预算

预期成效　人力分工

一定要学会的"网络软件即时互动"

就目前趋势来讲，最重要、最好用的营销模式，就是电子商务及电子应用软件的营销。它的成本较低，推广效率却最高，触及力最广，反馈最多，但是相对也最难控制。当你抛出一个讯息，就如将其丢入人山人海，你知道会被很多人看到，但不知道是谁看到，也不知道效果怎样。其算是比较难追踪或难确认的营销方式，但同时，这也是能带来大量客人的方法。不过这只是强心剂，后续还是需要回归到熟客与口碑营销才会完整。

现在的即时软件背后都有大数据分析，通过大数据分析，能掌握触及顾客的精准度，也相对能提高营销专员的号召能力，进而掌握更多的话题及明确经营定位。要怎么做才知道是否正确管理粉丝群？你可以学"知名超市"小编，为什么他可以被这么多人关注？因为他像朋友一样亲切即时地与粉丝互动，一则帖文回了三千多个留言，提高互动的即时性，从而吸引更多人关注，也让即时软件营销产生良好效果。

同业合作促使营销扩散

就像前面所提，在这个资讯爆炸的时代，怎么样才能让营销更有效益？答案是回归本身，把每一天的运营维持到最好。店里常推出新产品吸引媒体与客人的关注，买广告、博客管理等对小店来说都是较大的负担，且不一定有成效。最近我观察到一个方法也十分值得小店学习。在亚洲五十大餐厅的评选里有一个同行合作的项目，你的店里有没有请过别的主厨来客座，一起激发创意？而这样的方法也很适合在独立咖啡馆里进行：可以找不同的咖啡品牌或咖啡师到店里客座，一起研发新的产品，而这也代表着同时有两到三家店一起做营销曝光。所以资源共享也能让营销扩散，但最主要的还是"要落回店里实际操作"。

Tips　适合独立咖啡馆的营销方式

· 在附近店家摆放传单、店卡

· 发送开店讯息的电子邮件

· 在店门口及附近发传单及宣传品

· 在附近摆设简易招牌

· 用店门口的海报、招牌、菜单做宣传

· 用电子通信软件做宣传

· 串联街区品牌，互相引荐

· 参与跨区市集活动来曝光

· 跨品牌、跨领域合作

你有"咖啡大师"的
困惑吗？

很多店会有关于"咖啡大师"的困惑：很多独立咖啡馆的老板或咖啡师在业界赫赫有名或是得过许多奖项，从而吸引众多客人慕名而来。然而咖啡大师变成噱头、咖啡馆的光环，客人来店里就是为了看到他，如果大师不在，这家店就没有其他吸引人之处。在我看来这对于咖啡馆长久发展十分不利：不仅咖啡师的离开会对咖啡馆的营业造成极大的伤害，即使老板本身就是咖啡师，也可能因为得长年待在店里，导致店务易停滞、无其他的成长可能性。当然，若是一人店，则情况不同。

因此我们在考量品牌营销时，会尽量降低人这个因素所占的比重，提高店内所有咖啡师或专业者的能力与彼此的替代率，或是可以让大量的咖啡师以团队的方式出现，而不是只让某一两个咖啡师特别突出。例如日本丸山咖啡馆在出现铃木树这样一位世界首个在咖啡大赛中前六强出线的女咖啡师后，又迅速再推出新人去比赛，所以丸山咖啡馆后来又出现了两三位日本冠军，靠这样将丸山咖啡馆是日本咖啡冠军的品牌打出去。因此我在担任店长时也常会鼓励员工去参加比赛，或大量参与可曝光的活动，创造多样舞台并让管理者以经营者的角色出现，让店的样貌多元且向多方面发展，由此才能长远经营。

CASE STUDY
实例123

以前的营销是先讲故事吸引顾客关注，现在顺序相反，变成信息大量曝光得到关注后，人们才去听故事。这也代表现在开店越来越艰难，除了有好的商品外，要如何在一开店就吸引目标客群的目光成为一大关键。闹咖啡、"或者"、DOMO CAFÉ这三家店因为类型不同也有不同的讲故事的方法。

新竹／"或者"

图片提供／"或者"

整合官方民间资源，思考营销最大可能

　　"或者"结合了独立书店、餐饮、展演三种复合式空间，因为位于新竹的文化园区内，在开业前夕集结了新竹县政府、新竹县文化局、新瓦屋客家园区的营销资源：县内刊物、文宣等报道，让读者知道县内有个有趣的店开业了。书店端

10:30—21:00
每月第二个周二公休
-本月公休日:11/14-

"或者"有经营Line@，主动发布信息　　　　　　　图片提供／"或者"

则有独立书店联盟帮忙曝光；使用展演空间举办系列讲座、课程则放入售票系统，通过不同的演出令更多人认识"或者"，而店主本身也利用了自身的资源。不仅餐饮方面需要营销，多方面的运营项目也需要通过上下游联系想要沟通的对象。

开业记者会则邀请了官方、学方、各形态业别的厂商参加，也吸引了媒体的目光。当然，"或者"不只是在开业时使用这些资源，还会随着每季调整菜单，利用这些资源持续定期地曝光，这一切让本次营销成为十分全面的营销案例。

台北／闹咖啡

Sofar Sounds Taipei秘密表演活动　　　　　　　　　图片提供／闹空间　摄影／周劲甫

Sofar Sounds Taipei表演团体Pada Forest　　　　　　图片提供／闹空间　摄影／周劲甫

假圣诞趴·真闹第1届卡拉OK大赛文宣　　　　　　　　　　　　　　　　　　　　图片提供／闹空间

掌握当地客与熟客资源，多角度切入不同客群

　　闹咖啡在四层楼规划不同使用方式：咖啡馆、众创空间、展览空间、民宿、设计办公室，除了运用本地营销培养当地的熟客以外，不同的空间亦能吸引不同的客群。例如三楼的展演空间委托给擅长办展的朋友经营，来看展的人同时亦被咖啡香味所吸引，民宿的旅客、找寻工作空间的客人亦是如此。营销上除了一般的操作：召开记者会、培养熟客、调整菜单重新曝光、使用网络软件等，还可运用各种空间从多角度切入目标客群，这也是很值得独立小店考虑的营销手法。

閣咖啡 NOW coffee 新增了 12 張相片。
2月1日 · 🌐

Sofar Sounds Taipei x 閣咖啡 NOW coffee

先說重點，你想要2/5 The xx亞洲巡迴台北站演唱會的門票嗎？只要按
讚Sofar Sounds Taipei粉專，並在活動貼文底下按大心且留言，然後到
Sofar官網報名參加3/18的秘密音樂表演活動，就有機會抽到The xx 演唱
會門票2張！Sofar 將於2/3公佈幸運得獎者。

Sofar Sounds Taipei粉專活動貼文👉：https://goo.gl/yM9bYV
3/18場次報名連結✌：https://goo.gl/WhfUpZ

• • • • • •工商時間結束• • • • • •

然後我們說說Sofar Sounds這個酷斃的組織。他們主要是抱持著一顆對
音樂炙熱的心，很功德很窮困的努力媒合表演場地及表演者，舉辦多場秘
密音樂表演。

何謂秘密表演？就是觀眾要先到官網報名，但在活動開演前幾天才會知道
活動地點，而且要到活動現場當天才會知道表演者是誰。地點有可能是展
演空間、咖啡廳、家具店，也有可能是某個人家的頂樓。

那為何說Sofar Sounds Taipei很功德很窮困呢？因為他們沒有向觀眾收
取費用，但無論是主辦Sofar、表演者、或是場地方都是無酬的，甚至還
要倒貼租車費用搬運樂器、租借音響、麥克風等器材等費用，只為了讓喜
歡音樂的民眾有更多更獨特的觀賞體驗。Sofar Sounds這個組織來自於
倫敦，在許多大城市都有據點。在倫敦跟紐約，他們會向觀眾收取門票，
然後將所得捐獻給需要的團體，現場觀眾也會在演出當天隨興樂捐，補貼
主辦方或樂手一些必要的支出。而台北目前還沒得到倫敦官方的許可向觀
眾收取費用，或許是文化差異，台灣觀眾也還不太習慣活動現場自由樂捐
的形式，所以他們一路走來是做一場賠一場。

由於腦聞實在太擔心將來看不到Sofar Sounds Taipei的活動惹，所以發
文推推請求大家多多支持，你有很多方式可以幫他們做功德，無論是免費
出借你家的不怕吵功德客廳、功德發財車、功德休旅車，提供你私藏的
PA設備、錄音器材、麥克風架、爵士鼓組、吉他音箱甚至是品質良好的
延長線，或是志願報名功德演出者、活動攝影、後製剪輯、搬運工都好。
更簡單的方式是在享受一個輕鬆愉快的演出後，樂捐個一兩百塊，都能讓
Sofar Sounds Taipei更加壯大，讓他們的努力與堅持能結成甜美的果
實。

2018/01/27這天，Sofar Sounds Taipei來到閣四樓，半工地的狀態很對
他們的味，希望將來我們還有機會跟Sofar合作，再次看到你們每一個可
愛的臉享受著音樂。

很榮幸這一場有好多好棒的表演者參與：
張之謙 Zchien Chang
黃耀增與他的歌兒們，James's song
反面穿舞蹈劇場
Pada Forest
老王樂隊
Photo by 周勁甫

图片提供／闹空间

东京／DOMO CAFÉ

左、右／2017年7月18日东京店开业　　　　　　　　　　　　图片提供／DOMO CAFÉ

DOMO CAFÉ　马来貘东京打卡墙开幕式　　　　　　　　　　图片提供／DOMO CAFÉ

由中国台湾地区推向日本，每个步骤都需细腻铺垫

资金较为充沛的DOMO CAFÉ，除了老板有着丰厚的人脉外，空间设计也由日本知名设计师操刀，并与咖啡师及烘豆名师合作，在一开始就有强大的媒体号召力。因为店主来自中国台湾，店内同时在中国台湾与日本做营销，因此计划了两个开业的时间点，第一个play opening（开放活动）请台湾当地媒体造访东京店，以住宿、机票等作为文章曝光的交换条件，店家也主动回台湾参加相关咖啡交流活动，让大家知道来东京旅游可以到DOMO CAFÉ喝杯咖啡感受独特的融合风味。在中国台湾地区参加活动时也与"当地观光局"合作，邀请日本的咖啡大师及网友前来认识中国台湾地区的咖啡文化及观光小吃，这样当他们回到日本后就会帮忙宣传推广，也能让日本的民众知道在东京有一家这样的咖啡馆——可以不用出国就能感受中国台湾风味，而在这一系列细腻的铺垫后，才是正式的开业记者会。

串联内部资源，实现营销力量最大化

此外，也因为DOMO CAFÉ本身亦是民宿，要如何将内部资源最大化？除了在民宿的各个房间里放上DOMO CAFÉ的资讯作为串联外，咖啡馆也为民宿的客人提供早餐。这不只是为了让入住的旅客更加认识DOMO CAFÉ，进而愿意参与进来，提供早餐本身也成为DOMO CAFÉ营收的重要一环。

咖啡
观察
3

马来西亚的咖啡现场

我在吉隆坡
喝到的好咖啡

　　2017年底我飞了一趟马来西亚，为紧接在马六甲这座城市开咖啡馆做前置准备。对于马来西亚，我想大部分人和我一样，身边总有几位朋友来自这个国家，好像我们并无隔阂，但实际踏上马来西亚深切了解的却是少数。身在中国台湾地区的我们潜意识里总觉得东南亚相对落后，这样的思维在我这趟咖啡之旅之后，彻底发生改观。

　　来到吉隆坡的Solaris Dutamas，这商场除了有星巴克R系列的精品咖啡馆外，二楼的一角还有一家满座的餐馆。对，这家看起来像餐馆的店，正是马来西亚中培养出咖啡大师冠军的店。仅在入口处的一座小吧台提供意式咖啡，但菜单却非常丰富，以澳大利亚风格著称，相当美味。主厨是地道的马来西亚人，吧台经理告诉我，在吉隆坡，好的咖啡馆几乎都是华人经营，再聘用优秀的马来西亚人来当主厨，并让主厨全权管理整个厨房，如此会得到最大的消费群。关于这点，我们必须先理解马来西亚的族群结构。

The Red Beanbag 意式吧台   摄影／王诗钰

多元种族文化，咖啡馆样貌也多元

这是以马来西亚人为主的国家，因为宗教、族群、环境、殖民地历史，马来西亚的饮食文化呈现多样化，同时也有许多不同的群体，若想获得最广大的消费市场，就必须注意这一点。而这座吧台——由华人咖啡师掌管的The Red Beanbag，咖啡的风味表现与墨尔本这座咖啡大城的咖啡完全相当，无怪乎这里的咖啡能够在马来西亚站到一定高度！

马来西亚有几个闲置的公共空间，被陆续翻新成一些创意园区。位于闹市区Bangsar的Lorong Riong里，有一间有50年历史的印刷厂。里面由新加坡知名咖啡品牌PapaPalheta开设的Pulp by PapaPalheta，就是最具代表性的精品咖啡馆。一进门除了保留印刷机当客用桌外，各款式的咖啡机分别放在三个吧台方块上，可以随意组合移动。这是完整的lab概念，如同见到的多数精品咖啡馆一样。

VCR COFFEE自制冷萃咖啡 摄影／王诗钰

意式豆共有两款可供选择，单品的选项也丰富，还有节奏明快有型的咖啡师，让人有种置身在美国西海岸的咖啡馆的感觉。

当天正好是假日，园区里有圣诞新年的音乐演出与摊位市集。逛了一圈市集后，我着实被摊位上的商品震撼。或许是一直以来对于市集文化的接触多以北欧与日本为主，难得见识到东南亚的热情和平和，这里以强烈的色彩与宗教民族家庭紧密结合的文化底蕴创作出摊位样貌。例如，许多与婚礼相关、美丽且包装得很好的高跟鞋，穆斯林女孩印花布头巾，热带植栽……都让我细细品味许久。

马来西亚因为多种族关系，所有的咖啡师都有很好的语言能力，加上长年夏季且几乎没有天灾的稳定条件，人与人的相处大多融洽和平，这样的节奏也呈现在咖啡馆的空间。VCR是在中国台湾工作的马来西亚咖啡师推荐必访的咖啡馆之一，如同多数马来西亚的咖啡馆，如果它不是在商场里，那肯定是一栋栋美丽的

VCR参赛选手冲煮比赛咖啡豆 　　　　　　　　　　　　　　　摄影／王诗钰

别墅，拥有完美的光线、随意错落的室内户外座位和大大的厨房，每一家店都供应着各式有趣的菜单。若要说全世界待上一整天都可以吃饱喝足的咖啡馆，我会说马来西亚的咖啡馆绝对是首选！VCR的店长除了端出正在准备的手冲大赛选手冲好的咖啡，同时也告诉我他们二号店要推出耶路撒冷餐！在台湾连清真食物都已算少见，更何况是耶路撒冷餐，但这座城市好像就该有这么多选项，令人羡慕。

　　隔壁另一栋黑黑的别墅是VCR的烘豆厂及中央厨房，我听着这些三十出头的咖啡师说着他们的规划，看见的是产业发展，而不只是开店的小确幸。在这里，我幸运地有机会带着中国台湾地区的咖啡经验与当地的咖啡师对话，了解除了我印象中的怡保白咖啡以外的马来西亚咖啡文化，亲身体会到，他们在咖啡领域与时俱进的实力不容小觑！

CHAPTER 6

核心开店术：人

关键3种"人"

1. 老板／股东：白纸黑字才有好的合作
2. 经营者／店长：最忌什么都不会但又什么都要管
3. 员工／顾客：对待员工好生意才会好

在地、事、物、时、人五个开店核心术中，我认为"人"最难驾驭，因此放在最后来和大家谈。人，最难找、最难留、最难教、最难管，也最耗费时间、精力和成本。经营者与管理者的人格和特质，往往也是决胜的关键，尤其是在小店经营上。所以在这里我们要来好好谈谈人，谈谈我们，谈谈员工，谈谈顾客。

"没有'对事不对人'这件事，事在人为，所有事都与人息息相关，老板把事做好，人自然会依规，心有依归。"

了解关系，
掌握营运

人事管理是对上与对下的关系，一般店里的组成有几个层级：第一层为出资的股东与老板；第二层是经营者，可能是老板、经理、店长，也是店里的核心，管理中最重要的阶层；第三层则是员工及顾客。为什么我会把经营者放在中间？因为老板不是最大，消费者也不是最大，能管理店、让店好好运营下去的，其实是中间的经营者。这些人没做好，老板会很辛苦，客人会流失，员工会流动，因此这些人是最需要培养的。

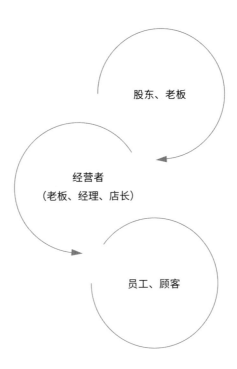

股东、老板

经营者
（老板、经理、店长）

员工、顾客

有合作就要签合约

关于股东与老板的组成，如果是单一股东也就是独资，相对容易，因为就是独自经营，账目基本上比较简单。但如果有股东结构的话，一定要立好合约，并明确好谁要做什么事。所谓的"讲清楚"，不单是赚钱之后要怎么分——当然这也是需要定在合约之中，更重要的是"退场机制"，即当有人不想做、赔钱的时候，或是需要增资，该怎么办？这些才是合约中最关键的项目。有钱赚大家都很开心，只要按比例分配就好。但有问题的时候该怎么妥善处理，想要赚更多钱的时候如何分配投入资源，也都是合作的重点。

做一位有专长的经营者

作为老板、经营者，我会希望你至少有一项专长，无论是冲咖啡、烘豆、烹饪、营销，甚至是十分知人善用等都可以，总之你一定要有区别于其他人的强项。当你对于咖啡馆内的业务不够了解或是专业仍不足时，首先是要让你的店制度化，并弥补技术层面的不足，降低运营风险并解决管理失衡问题。

弥补技术层面不足的部分，在"事"那个章节详细提及可利用几个方面来补强：第一，聘请专业的、具有中高阶技术的人才，也可以选用好的设备。第二，不应该只依赖一个人，要有两到三位可彼此支援补位的人学会菜单里的产品，甚至有产品开发能力。第三，所有的产品生产，经营者都必须参与其中，并且要懂得如何操作。这是因为当你对过程有体验与认知，才能理解员工在制作过程中有无缺失与错误。第四，聘请优秀的顾问或技术合作伙伴：例如咖啡馆可以找烘豆师、咖啡训练师担任店的顾问及进行教育训练，不仅能在开店之初就建立SOP，之后也能让员工知道，店里有一群可咨询与协助你的同事，自己也就不容易被牵制。

经营者的专业不在咖啡本业上，善用4种人才或观念能够帮助你

1 聘请专业的、具有中高阶技术的人才或选用好的设备

2 菜单中的产品，要有2~3位伙伴理解并会制作，不能只依赖一个人

3 经营者要理解店内所有的产品，并了解制作流程

4 聘请优秀的顾问

　　而店内最重要的角色——经营者或店长，这可能是老板本人或是其委任具有管理能力的员工，他在开店前要很清楚老板与股东之间的合约及店里的运作方式，并能作为老板、股东和员工、顾客等之间联系的桥梁，这都是在架构层级时，需谨慎考虑的事。

员工是最主要的内部顾客

现在有很多渠道可以让员工和顾客"表达意见",所以当老板反而越来越困难。但你只要记住一件事情:员工是你最主要的内部顾客,只要你把内部顾客搞定,让员工对品牌有忠诚度、认同感,喜欢店里的氛围,喜欢店里的产品,他们就是最好的顾客、最好的营销,也相对地能够影响所有外部顾客,反之亦然。我常举例,某家美式连锁咖啡的员工,本身购买自家商品的比例就非常高,很多新商品推出,都是员工先买光,这代表什么?当你站在商品柜前面,它的员工可能会告诉你:"这个杯子很好用哦,我也买了一个。"你可能就会在他的口碑推荐下忍不住买了。让你的员工觉得做事情有成就感,每一个员工都能是直销商。而这份认同与忠诚,绝对是稳定发展的关键。

练习
面试人的本事

常有店主向我吐苦水:找不到人才怎么办?或者是来应聘的人都没有经验,只好请顾问来从头教起。为什么现在开店大部分都是没有什么经验的新人来应聘呢?这是因为咖啡馆门槛低,创业的人又多,有经验的人两三年后就打算开店,每年都有许多人投入咖啡馆创业的"红海"中,招聘到有经验的咖啡师的难度当然高。因此我力劝各位店主,想要找到人才,你本身要能"画蓝图",画出店里的方向,并制定良好的工作SOP,才能游说人才来工作,而无经验者和有餐饮工作经验者的比例至少是7:3,当然有相关经验的人越多越好,开业之后才容易走上正轨。

店内员工生熟比（最低）

7 生手　　　：　　**3** 有餐饮工作经验者

招聘员工，第一个关键就是面试。我常说，面试是需要训练的，不只是来面试的人需要训练，面试官更需要训练。你要知道需要问什么问题，才能判断一个人适不适合和你以及店里的员工一起工作。现在90后、00后的员工，他们从中学开始就要面试了，他们在人生的过程已经很习惯面试，也很会写履历表，而身为经营者的你有没有办法在短时间内判定他的个人特质？这需要眼光，需要训练，需要多一点阅历。在面试中多提各式各样的问题，问得越广越好，让面试者"越松越好"，这样你就越能看到他的真面目。

看出应聘者的真面目

我经常在面试的时候做一项试验，在应聘者来面试的时候，故意迟到5分钟，让面试者先坐到位子上，并请店里的员工服务他，端给他一杯黑咖啡，我和店里的伙伴则一起从旁观察，在这个坐着喝咖啡的5～10分钟时间内，他会如何与店里的员工互动？

这样做有三个目的：首先，应聘者以后可能是在店里要服务顾客的员工，在服务之前，让他先感受店里的服务。其次，他来咖啡馆应聘，而他喝咖啡吗？再次，在这个等待的过程中，他会怎么自处？我会从旁观察，而这是十分重要的第一印象。一个人如果能够把"第一印象"建立好，代表其尊重这份工作，同样也会尊重工作时候需呈现的形象。因为他未来服务接触的每一个顾客，也都只会留下"第一印象"，而那印象将代表店里的品牌形象。

一般我们到店里对服务生的印象不外乎"请问几位？""帮您倒水。""菜单给您参考……""稍后再过来帮您点单。"这样几句话，可能连5分钟都不到，客人对服务员的印象正是仅此而已，因此这坐着的5分钟观察，对我来说反而比履历表占有更多的分数。接着坐下看面试者的履历表，从这里就会开始判断，这个人能不能录用，因为虽然只是薄薄的两三张纸，却能在上面看出应聘者是否有用心包装自己，并期望把自己推销出去。最后，我会看应聘者离开之后的表现。没错，即使他离开我们店里，我会继续观察他们。为什么？曾经我面试过一些表达非常得体，整个人也是非常干净清爽的女孩，但离开店后在门外的模样，却展现出与面试时截然不同的一面。这也反映了前面所说的，现在的年轻人都很会面试，所以我反而会从其他方面观察更多蛛丝马迹。

 Tips　面试别人也需要训练！除了履历表，更要从旁观察应聘者的反应与举止，见微知著。

制定教育训练SOP，
保持因材施教的弹性

　　一般咖啡馆在传统教学上大多采取师徒制。在新人第一天上班就请一位资深员工带着做事，进行经验传承，虽然这样看似很一般、很正常，大家都这么做，但其实这里面会产生一些问题。如果都由固定的训练师训练，那么问题较小；若非如此，那么长久下来资深员工A教的和资深员工B教的不一样，每个人重视的细节流程更是不同，就会造成标准不一，甚至会出现团队工作不够默契等各种问题，尤其在咖啡馆的规模扩大时更会造成阻碍，因而系统的教育训练规范就值得我们学习。

　　教育训练有一定的流程系统及逻辑观念，我建议任何一家咖啡馆在每一个工作区块都要有教育训练的SOP，例如，品牌理念、人事规章、财务报表、工作流程、开店流程、打烊流程、清洁规范、服务模式等，这些规范的制定执行，同时要有训练流程及针对资深员工训练教学指导流程的相关考核制度，以确保新人在进店后就能快速、有节奏地进入状态，立马上手。教育训练的根本，除了专业与技术的指导，更要能发掘员工，适才适用，让员工比你还要优秀，品牌才有无限发展的可能。

关键三日：如何不让新人学会了就离职

Before DAY 1

咖啡馆体验

DAY 1

不急着要求上手

DAY 2

一对一实际操作

follow→solo

（跟学→单独操作）

上班前一天：咖啡馆体验

许多老板可能常会面临新人做不了几天就说要辞职的情况，或是主管仅靠口头面试，无法判断是否应该录用等。为了避免这样的事情，可以让通过初步面试的新人在二次面试时到店里进行一日的带薪体验，建议可安排在忙碌的时间点。在这天他不需要做太多事，就是跟着主管上班，熟悉店务，与同事互动，感受工作的节奏，有时可适时安排其擅长的工作，确认其技术能力等。通过这样长达6～8小时的互动及近距离观察之后，再安排一次面谈，可降低应聘者的紧张感，也能降低其面试失败的概率。

我经常在这一天，淘汰许多面试通过的人，也有过面试者来一天发现与其想象不同，拒绝来此工作，可见这天的重要性！

上班第一天：不急着要求上手

我发现许多大型连锁店在训练新进员工的第一天是不让新人上场的，这时教的是企业形象、人事规章等，这就像你去相亲或者去学校上学注册的第一天。因为对彼此不熟悉，也都很紧张，此时不建议让新人马上进入工作岗位，因为不仅可能会对现场运营及服务品质产生影响，也会给新进员工造成不安及不确定感。因此在新人上班第一天可以规划向其说明所有工作流程，并安排其在旁边观看，让新人更全方位地了解店里的状态。

上班第二天：一对一实际操作

第二天上班，让新人随身带着工作流程手册与实习生的名牌，让客人知道这是正在接受训练的员工，这样可以降低新人的心理压力，客人也不至于对其苛求。而一开始的训练，一定要让新人跟着资深员工一起执行，无论是多细微的事，例如擦桌子、洗碗等。资深员工在教学时，一定要完完整整地做过一次，因为每个人的标准大不相同，你以为的干净与他认为的干净绝对不是同一回事，因此只要是工作的一部分，都必须完整准确地操作示范。学习的过程是观察、模仿然后再实践，独立作业后再进行追踪与考核。由此可知教育训练是非常花精力与时间的，但也只有这么做，才能建立制度，并要求所有人都遵守制度。

 Tips　每个人的标准不见得一致，带新人一定要完整准确地操作示范，沟通彼此对"达标"的界定。经营者请记得：开店成功没有SOP，但"教育训练"必须准确到位！

观察 → 模仿 → 实践 → 追踪 → 考核

如何让新人快速融入团体成为即时战力

　　一般人会来面试并决定来咖啡馆工作，大部分都是对店里环境有好感，而能不能做得长久多半关乎"人"的问题。基本上新人对上班首日的第一印象我会建议由老板或店长建立，之后则请资深伙伴带着他进入工作状况。我发现许多店家常常不会在一开始时就介绍所有的员工给新人认识，我认为这并不恰当。不妨回想一下我们在进入一个新环境时的陌生感，如果有个人能快速将你带入团体中并融入环境，你可能会更容易上手与进入状态。我常会用轻松的方式找出新人与现有员工之间的联结点，例如新人是中文系，店内的员工也是中文系，我会找到像这样的相同点让新人的话题被带出来，勾起彼此的好奇心，这样可以帮助员工之间进行第一次互动。

新人的面试官也可以告诉训练新人的员工一些信息，比如面试时的感觉、新人曾说过什么、个性是什么、工作经验等，让新人感觉被尊重，也能更快融入环境，卸下防备。这么做对店里本身也有帮助——可以让你更快看到这个人更真实的一面。有些新进员工可能已有许多经验，也很老练，通过这样的互动反而可以听到真实的声音，我们也能更快去判断这个人适不适合，也能以这样的方式降低员工突然辞职的可能性。

这些看似很小的事，却经常是许多员工久任的关键。因为第一时间的认同，备受尊重，以及感受到经营者直接阐述的理念定位与训练，这份印象，是店内产生蝴蝶效应的最好开始。

营业额的关键：
外场服务

一般老板常有一个认知：认为餐厅或咖啡馆最重要就是做出好料理与端出好咖啡，由此可知，最重要的员工当然是厨师与咖啡师！这的确是最基本的环节。然而我却要告诉我的业主：外场才是营业额的关键。为什么？大部分我们定义外场服务主要的工作是协助收银或帮客人带位介绍菜单，是整家店最直接面对客人的位置。但如果新进员工一开始进入外场就没有把客人服务好、完善地解说菜单或将店的风格及态度呈现给客人——这些都将会影响营业额，因此我认为店长最应该常留守的位置就是外场！

服务的SOP

服务是有所谓可依循的SOP与保持弹性的固定流程，这不仅能让每位客人来到店里都能享受到好咖啡，也能拥有好的体验。我会要求店内的伙伴当客人一进门就要跟他有眼神的接触，并且3～5秒就打招呼与引导入座或指引点餐。

在点餐时，菜单一定要以完整的方式介绍，首先得先了解客人要的是什么，即便客人很快点餐，你也不能只是复诵餐点，还要有更详尽的介绍。例如今天客人点了一杯卡布奇诺，你除了复诵以外，还可以问他有没有喝过店里的卡布奇诺。如果没有，可以告知他店里的做法不同于别家之处，使用什么豆子等来分享你的专业知识。让他们在喝咖啡、用餐的时候会特别注意你提到的细节，也能加深对店里的印象，同时也会更愿意听你讲套餐或续杯优惠。这也是为什么外场是营业额的关键，你需要自在地说出营销话，不是强迫客人当场点购，而是在他有需求的时候去询问。

有用的服务细节

服务当中有着许多细节，其宗旨在于你要让客人感受到你对他的注意和重视，这让客人对这次消费能有物超所值之感。对于店内本身，除了带来更高的客单价，有经验地安排座位也能使坪效最大化并使动线更顺畅，加快出杯的速度，这些都是我十分重视外场服务的原因。

服务囊括店内所有的环节，并不是只在于网评上的几颗星，而是直接关系店里的营业所得。因此我常会说服务要专注、专业，我会禁止员工上班使用手机或是在吧台里面嬉闹；也不希望员工与熟客有过好的交情或是不平等地对待客人、歧视客人等，这些情绪的转嫁都是不被允许的。

此外我也会要求员工在客人用完餐后等三五分钟再收拾，这有两个优点：第一，餐具可以重复使用；第二，人有一种惯性，当桌上的东西收得越干净，就会想要不要再点些什么，还是该走了，这也能增加客单价，提高翻桌率。

外场也需要勤快巡视店内，所有客人会看到、接触的地方，温度高低与音乐声大小等都应该维持当初开店的舒适度。当你把空间处理得越好，客人也越能体谅商家，达到双赢。

走动管理是担任店长或门市值班主管最重要的职务，随时维护空间环境，看顾商品出品品质，即时掌握顾客状况，确保没有意外发生，或是能在发生意外时迅速、妥善处理。

 Tips　　客人刚用完餐不要马上收拾，因为会让人觉得有压力，等3～5分钟再过去整理桌面，除非下面还有其他餐点已经准备就绪，可以先询问是不是继续使用，然后先上下一道再收走空杯盘，避免给客人留下匆促的感受。

与员工长长久久
最重要的五件事

第一，老板的样子：有原则、敢放手

"刮别人的胡子之前，先把自己的刮干净"，这里也是一样。在讨论如何与员工长长久久之前，先来谈谈怎么当老板。

当老板要有当老板的原则与样子：有原则、敢放手。这不是摆架子，而是要有指导与管理原则，让员工清楚知道你的喜好与底线才好做事，利用开放渠道让员工跟你沟通，但要记得事缓则圆，不是听到小报告就马上做出反应，而是多听各个方面及相关人士的回应。在处理事情时要勇于放手，就算店里很忙也不一定要插手。有些老板喜欢帮忙，想表现亲力亲为的形象，例如一位聘请我当顾问的咖啡馆老板，他只要一进吧台看到水槽里有碗盘就卷起袖子想要洗，而员工也很习惯了，当时我请他到旁边对他说："请你以后不要再这样做，除非现场没有人，或是你排了这个班。"当老板要有老板的样子，不然你的店无法成长。身为经营者要随时转换自己为顾客，而不是转换自己为员工，从顾客的角度才能看出问题，知道员工需要什么，而你又该给他们什么，并从此更了解市场，达到更大的获利，让店里得到更好的发展。

第二，传递经营理念与制定门市规章

一开始就要形成经营理念，这不仅是给店主展示决心与自我审视，也必须在员工进来的第一天就要让他理解。这是很重要的第一印象，当他们了解你的经营理念与品牌，知道店里的蓝图是什么、愿景是什么时，他就会跟着你走。台湾的小店常常让人觉得没有未来，但是只有你给员工未来，你才能够给自己未来。再

者，除了让员工知道公司的理念外，也要让他们知道有规矩，门市规章详细规定
员工享有哪些福利，应该履行哪些职责。很多小店、咖啡馆不做这件事，而是采
用约定俗成的方式，但所有不成文的规定却都是不同的人定出来的，当A、B、C
三人跟他讲的不一样，员工就容易混淆，从而觉得老板有问题。这些事情容易造
成员工的不信任而使其萌生离职的念头，因此当我们与员工身在同一条船上，就
应该有相同的目标，而不需要两个舵手。

第三，关于员工离职的原因，马云说："1.钱，没给到位；2.心，委屈了。"

许多小店老板常跟我说员工流动率很高，留人很难，这让我想到阿里巴巴创
办人马云曾说："员工的离职原因林林总总，只有两点最真实：1. 钱，没给到
位；2. 心，委屈了。"这正是大部分老板一直看不到的盲点。

因为店才刚开，就连老板也不知道营业额能有多少，关于薪资、福利可以先
按照相关法令或业界常规来设定，并告诉你的员工在一定期间之内（最好不要超
过一季度）会做完整的调整与定案，除了合乎法令以外，愿意与员工一同成长，
让员工看到愿景与"钱"景，留任率也会相对提高。留多久不一定，但起码可以
陪店里走过一段很重要的时期。这里我也会请店主注意，我以前认识很多老板以
往从事高薪职业，所以一开始就很"敢给"员工高薪，导致店里与自己的负担相
当沉重。因此我会建议刚开始时可以随着营业额的增加，通过奖金或津贴来增加
员工的薪资，等半年或一年营运上轨道后，再随时调整给员工更好的福利。

另外一个原因，谈到员工觉得"心，委屈了"。很多人离职都是因为觉得老
板不公平，或是做得比别人多却不被看到，还领着和别人相同的薪水，等等。
我常会告诫老板们："不能偏心！员工有付出就要有收获，有两分耕耘就两分

收获。你跟员工计较，他也跟你计较，你不计较他反而会做多一点，这就是人性。"店里的工作在最初就应该排定，盘点、物料、排班、营销、设备维修等都需要有专人执行，并在半年或是一定时间内做交换，以公平、平均、轮调为原则，同时让员工都获得学习成长的机会。

其实当员工觉得自己委屈了，当老板的也觉得委屈，这是最不乐见的主雇关系。

第四，如何面对老鸟倦怠期

教育训练的重点其实就是为了留住人才，人一定会有停滞期或低潮期，如果有人在同一个位置没有进展，比较有情绪，这时就需要再度进行教育训练。作为老板、管理者不能只注意新人，也要随时关注现有的员工，因此建议咖啡馆至少一个月要开一次例会，让员工的问题能得到解决，当他们看到店里在进步，才会要求自己进步。这样做的好处是：单独向主管提出问题感觉像是在打小报告，而在会议上提出则是让问题被讨论，管理者应该要有回应并让员工看到结果，将事情台面化，就可以减少许多不必要的问题的产生。而有连锁店时两三家店一起讨论更可以互相学习，也可以通过会议进行教学并给予鼓励，是非常好的团队建设。

有了教育训练紧接着就需要考核，让员工知道他们可以往前走。没有目标常是许多员工离职的原因，虽然很多员工会说希望来公司学习，但我们知道职场并不是学校，员工拿薪水应该是来付出的，但是，他来这边的确是要"学习"：跟着你一起学习成长，跟着你的品牌往你想要的方向走。所以应该给员工东西，并在调整薪资福利时做考核检视。

此外，员工在一家店待久了，可能是五年、十年，人生也开始迈入下一个阶段，就算他十分认同品牌的理念或是喜欢与大家一起工作的环境，但总有逼迫他们不得不往前进的原因及理由。现在很多新一代的老板会让员工在内部创业：投资给员工开店，可能是以合作加盟或是成为供豆商的模式，让员工有更多的发展空间，形成正面循环。

第五，我们是工作伙伴不是生死之交

太多老板跟我说想要跟员工保持良好的关系，但你和员工关系越好，店里的运营反而越容易出现问题，也越难听到真心话。当员工出状况时，你会太感情用事而无法理性，更是十分难做决定。我强烈建议老板和员工的私交不应该太好，除非后来你们成为股东或是合作伙伴，也不赞成加彼此的社交平台账号，让双方拥有各自的私生活是让店里人事管理更稳健的关键。

专员行政事务

物料专员	物料管理	· 食材／耗材／器皿管理 · 品质控管 · 成本计算 · 销售分析 · 盘点、对账 · 订货 · 库存空间规划整理 · 新品开发及厂商业务资讯掌握
	零用金	· 零用金报表管理、零用金申领
	寄卖商品	· 整理、陈列（两周一换） · 盘点、厂商对账（每月） · 商品资讯汇整、传达 · 网络媒体／网络销售平台：推荐（每月两篇）
活动营销专员	活动策划	· 申请接洽／联系／安排日期 · 节庆／主题规划（每季一大档次安排） · 活动资讯汇整、管理 · 网络媒体：活动资讯公告／活动影音档发文
	包场／特殊活动	· 接洽／信件电话往来 · 报价单／合作备忘书／订金 · 活动规划前置安排（场地／物料／人力各单位协调） · 活动当天现场协调掌控 · 活动后回馈及检讨
	社交平台／官网	· 发文规划管理 · 数据分析

（续表）

教育训练专员	营业分析	· 营业额 · 来客数／客单／节假日／时段 · 熟客、新客
	教育训练	· 排班表、进度规划、每月相关活动安排确认 · 新人面试、教育训练执行、训练讲义修订 · 追踪、考核
设备总务专员	空白表格	· 订位表、各式营运表单印制 · 工作日志交接本 · 名片店卡
	设备保养	· 店内设备资产管理 · 设备商信息 · 设备年限及保养维修记录追踪安排执行 · 设备紧急维修及保养清洁训练执行 · 硬件空间及家具维护

CASE STUDY
实例123

如果一家店让客人觉得有价值，这家店的运营就会成长。如果要更深层追究顾客对店家的评价，你会发现都是因为"人"，也就是说好评价、好运营来自好员工，但好员工绝对不会凭空而降，在其他店的优秀员工，到你的店来不一定就适合你。因此这考验经营者是否能挑选出最适合自己、最符合本店的人才，而闹咖啡、"或者"、DOMO CAFÉ这三家迥然不同的店型，当然也有各自的"寻人"方式。

各派高手"闹"出新意：台北／闹咖啡

图片提供／闹空间 摄影／张盛清

闹咖啡的两位老板都不是专业咖啡师出身，就像前面所说的，找人就是要找自己不足的部分，因此应聘进来的都是具有餐饮经验的员工。所以开店前的教育训练的重点就不是从头教起，而是整合所有人的技术并应用在店里的机器与设备之上。也正因为应聘进来的新人有各自的经验，各门各派都有独门的拿手好菜，从而让菜单的丰富度与完成度更为提升。这样的员工一般来说自我要求反而更高，并擅长创作，作为老板更要清楚品牌定位与走向，并展现领导人的风范，才能带领员工。

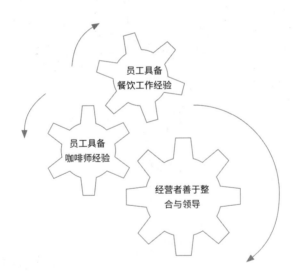

以企业为后盾，从头训练：
新竹／"或者"、东京／DOMO CAFÉ

上　图片提供／"或者"　下　图片提供／DOMO CAFÉ

新竹"或者"与东京DOMO CAFÉ因为背后有企业作为后盾，在各方面的支援都十分充足。在开店前先招了一批主力员工做教育训练，前置约一个月一起上课教学，再依照个人有兴趣的部分训练学习，最后依照个人特质、意愿、能力等分配到工作站成为"种子"教导新人工作。开店三个月后，各工作站再进行交叉学习，这样的做法让员工可以更积极并直接反馈运营的状况，也能提高工作效率，店主亦可从中选出有领导能力的员工。比较特别的是DOMO CAFÉ，因为在海外开店，压力大，人员流动性也相对较高，无论是店主还是员工都更为辛苦，但也正因为如此，更显出品牌培育与教育训练的重要性。

共同学习　　　依照兴趣　　　分配至　　　交叉学习　　　选出领导者
　　　　　　　分开训练　　　各工作站

CHAPTER 7

咖啡馆的
不同可能

开店之后的3个关键

1. 观察、分析店内的各项数字
2. 展店要思考每家店的个性
3. 近、中、远三阶段规划思考

现在以传统的咖啡馆形式开店并不容易经营，不仅顾客的要求越来越多，收益也难以达到预期，加上网络的日新月异，"蜜月期"结束得仓促，接踵而来的就是网友的恶评与迅速退去的人潮。如何抓紧时间调整，并找到正确的方向，是开店后马上要面临的大考验。

开店后的
好与坏

开店后人声鼎沸了几个月，亲朋好友一波接着一波来，"网红"来店里打卡带来人气，老板与伙伴们忙里忙外不亦乐乎。但不知道从哪天开始，"蜜月期"悄悄结束，一开始的人气不再，这时候老板才察觉运营似乎有点不对劲。一般来说经营者会有经营不佳的感受，大部分都是反映在数字上：来客数、存款数、能运作的现金明显变少等，最后反映在营业额上，而这些情况会让人感到焦虑，并意识到非改变不可。基本上是因为营业额与之前的相比一直往下掉，或是发现店开了但表现不如预期而面临营运压力，多半是在开业好几个月之后才会有明显的感受。

三个月是改善关键

现在店里的状况，都是开店经过一段时间后所形成的，如果你有认真看完这本书才开店，很多事前应该做好的准备与考量应该不会是当下需要琢磨、检讨的部分，但如果是因为没有准备好而产生的问题，那就只能直面它，针对性地解决问题，不要再说"早知道"或是大叹"悔不当初"。首先我们来讨论为什么开店"蜜月期"之后生意会变差。你要先分析这段时间来的客人是谁，实际运营状况如何，得到的回馈是什么，如果发现原来"蜜月期"来的多半是亲朋好友，那其实这段时间的运营都是假象，你的店从头到尾没有吸引到自己的客人，只是把亲朋好友找来意思意思做出成绩而已。这时你可能需要重新思考为什么没有吸引到想要的客群，重新检视店的品牌理念与开店计划。此外亲朋好友也算是内部顾客，他们为什么没有回流，有没有提出问题呢？这是我认为店主需要正视的部分。

　　另外一种是店内设定的客群和实际来客不同的状况，这其实代表你真正的客群来了，可是你并没有满足他们的需求。例如你的店坐落在上班族的区域，刚开店的时候很多上班族来买、来尝鲜，但可能他们来一次就觉得"好贵哦，无法常来消费！"或是你的营业时间不对：上班族通常早上八点多买咖啡，因为九点就要打卡上班了，而你却九点才开门做生意，也有可能是来你这里消费要等太久，等等。你要分析出原因，然后寻找相对应解决的方式，可能是提早营业，推出能快速出杯、价钱合适且好搭配早餐的饮品等，这样不就可以增加客单价也能快速服务了吗？

　　现在的经营分秒必争，运营的问题一定要每天检视，有状况在第一、二个月就要发现，最慢在第三个月就要找出方向去执行，才可避免陷入开店不到半年就准备说再见的窘境。

 Tips　最不了解店里状况的常是经营者本身，请把自己转化成顾客，客观地将自己的店与周围的店家做比较并找出原因。

独立咖啡馆连锁店
也要有"个性"

独立咖啡馆的特色就在于它本身具有独特的个性和味道，因为与众不同而吸引顾客前来，如果连锁店只是复制本店模式，反而会因此失去原本的意义，就连连锁咖啡店龙头——星巴克都会依据不同的区域、不同的店型采取合适的经营模式与设计规划。例如我们熟悉的传统星巴克，店内节奏是缓慢的：店员会为你介绍蛋糕，当顾客站到商品柜，则会端上试饮的饮料，并为客人解说商品。但如果场景换到坐落在高铁站的星巴克里，你会发现店员动作十分迅速，且当客人一多，小小的柜台马上会开出第二个、第三个收银机台，快速出杯、结账，好让顾客赶上高铁，这就和一般我们所认识的星巴克不一样。从这些地方我们可以看出，连锁的咖啡馆都会因地制宜，而独立咖啡馆的连锁店更应该清楚知道"独立"的含义，找出每家店的独特之处。在管理方面，三家店以内的规模都能以本店带领其他店做管理，但如果继续扩大就需要有一个团队管理主导咖啡馆的运作，尤其在营销、教育训练、体制差异化的统一等方面，并纳入会计财务主流体系。否则当扩张到一定规模，常会遇到瓶颈难以前进。

相信很多人都不会甘于只开一家店，也希望能更有计划地将店经营下去，本书的开店经营方法都是以品牌的模式来做规划，从一开始就打好基础，无论是做品牌还是连锁店都能够延续施展。

近、中、远程的
调整与规划

开一家店，如果租约是五年，不应该只是想这家店在五年期间要怎么发展。目标应该是我要再跟房东续租约，所以你的想象应该是十年、二十年后会是什么，我现在需要投入什么，需要多少投资和预算才能够达到这个愿景。

如果一开始没有这么多钱，那就该思考两年要达到怎样的业绩——这是近程目标，接着是中程，然后是远程。因为有梦想才有达成的可能性，而不只是保底抽成之后一个月多少，每个月做多少就行，这样一年与十年都不会有所变化，甚至会因为世界瞬息万变而很快被淘汰。所以请以扩展规模、持续经营为目标，重新思考还缺什么，定期检视经营计划书并且适当调整。

跨领域与跨界，
跟恋爱一样互相了解才能长久

如果看我的经历会发现我最常经手的是结合两种以上不同专业的店型。其实，通常这样的结合会比较需要有我这样的角色居中，主因多半是某一个主要方向的品牌希望通过咖啡馆的形式作为媒介，与消费者或市场沟通，进而被曝光，咖啡馆的确也是个跟谁都能当好朋友的空间。面对这些业主的需求，其实我花最多时间的工作是去了解对方、深入认识对方。比如我要执行一个民宿b&b①与咖啡馆的空间，我那阵子就到处去住各式各样的b&b，去体验身为一个使用者、消费

---

① b&b：bed and breakfast，住宿加早餐。

者有哪些需求还没有被满足，对哪些地方印象深刻且很喜欢，了解有没有相关的案例空间是一定要到访或需要找资料细究的。另外，除了请业主清楚介绍自家品牌的所有沿革理念，我也会请他安排我进入他的公司真正去了解、认识。经过这些评估后，我才开始去思考结合的可能与模式。

但这绝对不是单方面努力就足够，就像谈恋爱当然要互相熟识，所以同时我也会带着业主去喝咖啡、认识咖啡，了解餐饮空间表象以外那些隔行如隔山的一面，再针对业主品牌的属性去一些可以当作案例的餐饮空间进行观察、讨论。在餐饮技术教学时也都需要一起学习、执行，有了双方对彼此真正的认识，才能有效地磨合、沟通，才不会落入"鸡同鸭讲"的状况。

更重要的是，通过深入的了解，才能擦出创意火花。

我要提出许多这样的案子容易忽略的一点是，当结合成一个咖啡馆时，请记得定义这是一个全新的品牌，因此要有属于这家咖啡馆结合后的品牌经营定位。如果够成功，其实都有机会独立成长为单一品牌，所有设计、空间、菜单、商品、形象都要有一贯的定位才能完整展现新的灵魂。

千万不可以只是偏重其一，当咖啡馆只是附属，那其实就没有存在的必要。当你定义你的品牌高度，你对咖啡、对餐饮的品质也就该有多高的要求，太多的复合式咖啡馆，品牌整合失败几乎都是由于高度的不对等。

CASE STUDY
实例123（改造）

因为资讯传播迅速，现在开咖啡馆常没有几个月就会感受到瓶颈与困境，加上租金昂贵，一家经营不妥的咖啡馆寿命从以往的一年减少到现在的半年或三个月，因此改造不能病入膏肓，我会建议每周、每月都要评估报表，从数据中分析问题所在，时刻都应该思考让店更精益求精的方针，最近我经手的这三家咖啡馆都即时地改善。

新竹／"或者"

图片提供／"或者"

展店以外的不同可能

　　现在的人开咖啡馆不一定是把目标放在展店上，反而是有更多的目的，而不是只在乎有没有赚钱。例如新竹的"或者"这个空间，背后的资金是基金会支持的，比起咖啡馆的营收，这个空间更重要的是买书的会员有没有增加，会员有没有利用楼上的展演空间，有没有固定的展演回馈到艺术部分。如果能做到这些，咖啡馆的营运只要持平就达到了开设在这里的目的，而因为"或者"位于文化园区之中，这次开设的成功是因为当地文化局愿意将整个文化园区委托管理规划，开店的目的也不全是为了盈利。咖啡馆常是串联不同领域的媒介，而作为媒介，我们看到了咖啡馆未来更多的可能。

台北／闹咖啡

图片提供／闹空间　摄影／麦翔云

改善从观察细节做起

闹咖啡在门口设计了前吧台，就是希望有一定的外带量。但在开店之初老板坚持用原本的菜单打折作为外带价，一开始还有不少的客人，后来越来越少，甚至一天不到五杯、十杯的外带量，而且观察发现都是固定来买果汁或是附近外带店没有的饮品，好做好卖的饮品反而没有人要来外带。这反映出这样的价格对外带的人来说太贵且需要等候，无法满足需求。因此在开业一个月左右老板就发现这样的问题，来找我讨论，我们归纳出价格与出杯速度这两个原因，决定推出专属的外带菜单，出杯方式更精简：单品的选项只有一到两种，并直接定外带价，价格上与堂食产生明显差异并与周边店家的饮品相比有竞争性，而原本热卖的果汁也留着，甚至更便宜，比如说便宜十元新台币，让客人觉得有优惠。

而堂食的餐点也做了调整，为了让堂食的客人不要坐下来四个小时只点一杯饮品，于是将第二杯饮品价格降到六折、七折，使续杯率提高，除了能提高客单，也让顾客愿意常来，并对店铺产生感情。

东京／DOMO CAFÉ

图片提供／DOMO CAFÉ

每时每刻的改造思量

当咖啡馆开了一段时间，发现实际的状况和原本的预估有着非常大的落差时，除了检视营业报表外，也需要做菜单上的微调：思考卖得不好的东西是否需要淘汰。如果坚持要卖，则要考量如何能重新让客人认识。而卖得好的商品则应该增列项目，比如说DOMO CAFÉ的调味咖啡。

相信研究咖啡馆生态的人都知道，店里卖得最好的品项大多不是精品咖啡，而是调味咖啡或餐点。到了日本，我们观察到日本的星巴克也是如此，卖得最好的商品仍是调味咖啡和星冰乐，也代表这些是主力。然而有趣的是，大多数日本的咖啡馆为了维系本身认定的职人格调与精品化，在菜单上除了调整牛奶的品项外，没有太多创意咖啡的选项。DOMO CAFÉ观察到这点，于开店后开始思索将台湾常见的调味创意咖啡加进菜单，推出了抹茶拿铁、珍珠拿铁等特色饮品，并与台湾插画家马来貘合作，打造了一面打卡墙，引来了顾客的打卡潮。

像这样增加更多的创意咖啡可以让别人对这里产生好奇心并且长期关注，在这个过程中你也能将价格定得更精准，让店里的员工得到新的刺激，令他们越来越有想法，而这些改变也能对营业额带来大大小小的帮助。改造不应该等到"病入膏肓"，而是应该每时每刻思量。

咖啡
观察
4

东京的咖啡现场

从咖啡职人身上
看见

　　一早接到从京都来的咖啡社长，一身三件式西装，正襟危坐，礼数周到，与经常接触到的随性自在的多数咖啡师相当不同，果然有着日本老一辈职人的严谨！

　　为了接待这位来自京都进进堂第三代，师承日本咖啡界田口护大师和堀口俊英大师，及于京都拥有两家咖啡馆Café Verdi的续木义也社长，我的确为此做了不少功课，思考如何好好介绍台湾地区的咖啡文化，并走访台北街头咖啡馆，完成此行的重点——在最短的时间内一起讨论关于开咖啡馆的经验！此次邀请起因是我们希望通过职人对咖啡的想法与实地观察，得到整合经营思维的一些意见。

不敷衍的态度创造真价值

　　开咖啡馆，不只是台湾地区年轻人的小确幸，在日本亦然！不同的是，日本有越来越多的国际知名咖啡品牌进驻，即便在老京都也面对着新派的崛起。

续木义也社长　　　　　　图片提供／王诗钰

如%ARABICA COFFEE，其分店甚至直达中东。续木义也社长也提及他的Café Verdi前些年也在京都艺术造型大学内开了新店，为迎合大学生的咖啡习惯，从烘焙的调整、空间的设计到商业销售模式都有别于京都惯有的社区熟客营运，甚至他的咖啡豆也与sou.sou品牌门市合作。这些运营合作都显示出日本职人咖啡馆已走向品牌化，并以此来面对各种市场挑战，而我在职人身上见到的每一考量和判断，仍都是对咖啡的坚持。续木义也社长也提到新店的运营，他们进驻大学校园里，为了让大学生喜爱咖啡，店里每天推出一款精品咖啡，只卖120日元一杯，只比校园里的便利店贵20日元，让学生有能力负担。还请来学校教授担纲设计咖啡馆内部，在店里甚至还奢侈地摆了一架三角钢琴，让学生进行古典乐演出，呼应他的咖啡馆取自威尔第[1]之名。

---

[1]　居塞比·威尔第（Giuseppe Verdi，1813—1901），意大利歌剧作曲家。

Café Verdi   图片提供／王诗钰

中国台湾地区的咖啡文化在历史上深受日本影响，但同时台湾地区一向有着开放多元、活泼的经营思维，加上咖啡领域各式玩家饕客的刺激影响，对咖啡这种外来品的掌握早已有自己的一套本领，尤其是近年在国际上的表现更是突出，继而造就了从平价到精品的各个精彩的咖啡空间品牌！连着几日穿梭在台北街头林立的咖啡馆，跑了各式各样的店，续木义也社长得以见识不同咖啡馆的特色，我同时发现，旅行中把跑咖啡馆当作旅行重点的自己，以前一直觉得国外的月亮特别圆，但一路看着职人在每一家台湾咖啡馆中都能发现许多值得赞赏之处，我心里不免有些感动，于是把握这过程再细问他，从经营者的角度，认为台湾地区的咖啡馆具有哪些方面的不足。

从一杯咖啡里最容易感受到的问题是敷衍！对一个小环节的敷衍，也可能导致最后入口的风味不佳，从而让客人感受到对他及咖啡的不尊重，那可能是因为对咖啡豆的新鲜度没有谨慎把关，可能是吧台里的清洁不到位，觉得这样就可以了，以为客人看不到、没感觉。这些是续木义也社长提到的他所感受到的敷衍，这些的确是台湾咖啡馆甚至餐饮空间里常见的自以为随性的随便，和总是不够到位的清洁，与面对成本考量时不懂管理所造成的各种乱象。

是啊，咖啡是无须多言的！经营的关键本来就在细节里的坚持，这是举世皆知的不二法门。

台湾地区咖啡文化的形貌、职人的专业实力受到的肯定，关于独立咖啡品牌之外发展的各种可能的讨论，长年多元文化交融积累出的多样美味饮食，竞争地区塑造出的各式创意……这些养分似乎已经足以让我们有能力面对更多的机会，在我们曾经崇拜的市场里发光、发热。

附录 开店实用表单

××店——售卖总表

系列	品名	英文名	冷饮	热饮	容量		主要原料（菜单备注说明）
					内用（mL）	外带（mL）	
意式咖啡 Espresso	美式咖啡	Americano	冷饮		300	280	espresso、水
				热饮	240	280	espresso、水
	卡布奇诺	Cappuccino	冷饮				espresso、牛奶
				热饮			espresso、牛奶
	拿铁	Coffee Latte	冷饮			330	espresso、牛奶
				热饮		330	espresso、牛奶
有机花草茶饮 Organic Herbel Tea	有机洋甘菊茶	Organic Chamomile		热饮	700	330	100%有机洋甘菊
庄园可可牛奶 Cocoa Milk	盐之花	Flower of Salt		热饮			顶级庄园巧克力、鲜奶、鲜奶油、法国盐之花
瓶装饮品 Soda / Coke / Beer	海洋深层气泡水	Deep Ocean Sparkling water	冷饮		330	330	

展店用——饮品成本表

类别	品名	材料	含量	单位	单位成本 (新台币)	小计 (新台币)	饮品成本 (新台币)	售价 (新台币)	毛利率	售价调整	调整后毛
咖啡	意式浓缩咖啡（双份）	咖啡豆	19.0	g	1.00	19	19	90	78.9%		
咖啡	美式咖啡（热）	咖啡豆	19.0	g	1.00	19	19	90	78.9%		
		热水	250.0	mL		0					

	其他原料	内用器皿	外带				售价 (新台币)	毛利率	销售量占比	营业额 占比
			外带	杯身	杯盖	杯套				
	冷水、冰块	玻璃冰杯	可	PET			100			
	热水	美式杯	可	纸			100			
							140			
		卡布杯	可	纸			140			
	冰块	玻璃冰杯	可	PET			140			
		拿铁杯	可	纸			130			
	热水	透明茶壶、香茗双层杯	可				180			
							180			
	冰块	双层杯	可	玻璃瓶			80			

展店用——食材成本表

类别	区域	物管编号	品名	基本进量	进货单位					价格			单位成本 (新台币)	供货商A	供货商B	到货时间
					进货	单包	个数	重量 (g)	体积 (mL)	价格 (未含税)	进货价 (新台币)	单包价 (新台币)				
咖啡	前吧台		咖啡豆	10kg	1	10		1,000			7,886	789	0.79			
	后吧台		鲜乳	6瓶	1	6		936			450	75	0.08			
	厨房		培根	1kg		1	34	1,000		395	414.75	415	0.40			

展店用——营业设备表

类别	区域	物管编号	进货品名	俗称	品牌	型号	规格	
							电压（V）	功率
生财设备	前吧台			意式咖啡机			220	4,6
	前吧台			磨豆机			220	45
小型设备电器	前台			POS系统				
	前台，厨房			出单机				
	前台			无线电话				

展店用——营业器材用具表

类别	区域	物管编号	进货品名	俗称	品牌	型号	规格	
							电压（V）	功率
杂项	前吧台			咖啡机清洁刷				
	前吧台			小毛刷				
	前吧台			油漆刷				
	后吧台			吧叉匙（不锈钢）				
	后吧台			开瓶器				
	后吧台			撒粉罐				
	厨房			盐罐				
	厨房			黑胡椒罐				
	厨房			酱料瓶				
办公用品	办公室			笔记本电脑				
					打印机				
							·	

量(kg)	容量（mL）	规格					数量	进货厂商		估价	进货价	需求	
		长（mm）	宽（mm）	高(mm)	深(mm)			主要	备用	(新台币)	(新台币)	××店	OO店
32		810	588	533									
16		360	220	580									

量(kg)	容量（mL）	规格					数量	进货厂商		估价	进货价	需求	
		长（mm）	宽（mm）	高(mm)	深(mm)			主要	备用	(新台币)	(新台币)	××店	OO店

展店用——营业用品表

类别	区域	物管编号	品名	到货时间	标准进量	进货单位	
						进货	小包
清洁用品	前吧台		抹布——咖啡把手擦拭布			√	
	前吧台		抹布——意式机台面擦拭布			√	
	前吧台		抹布——擦杯布（白）			√	
消耗品	后吧／厨房		擦手纸			√	20
	吧台		抽取式卫生纸			√	
	外场		餐巾纸			√	
	全店		垃圾袋			√	
	吧台，厨房		洗手液			o	
	吧台，厨房		洗碗精（补充包）			o	
	全店		地板清洁剂			o	
	全店		漂白剂			√	4
	全店		消毒用酒精				
	外场		玻璃清洁剂			o	

·数	规格		价格		单位成本 （新台币）	供货商A	供货商B	备注
	重量（g）	体积（mL）	进货价 （新台币）	小包价 （新台币）				
4								
2								
4								
00								
1								
1								
1								
1								
1								

展店用 —— 器皿表

类别	品名	冷饮	热饮	器皿	器物建议／照片说明	规格 容量(mL)	长(mm)	宽(mm)	高(mm)	报价／实际价格(新台币)	数量	小计(新台币)	品牌／厂商	型号	备注
美式咖啡		√		钻石水杯		305	φ84		93						
			√	拿铁杯杯盘组		300	φ85	110	85	600					
瓶装饮料	水杯	√		缤纷双层杯		235	φ85		115						
水	冷水壶、冷萃咖啡	√		耐热玻璃瓶		1,000			200						
	饮品托盘	√		木制方形托盘			350	260		820					

厂商资料

食材	厂商名称	品项	业务代表	电话／微信	地址	公司电话	汇款资料	统一编号	备注（订货条件）
	咖啡	咖啡豆					货到付款 发票现结		
		牛奶					货到付款 发票月结		

耗材	厂商名称	品项	业务代表	电话／微信	地址	公司电话	汇款资料	统一编号	备注（订货条件）

设备	厂商名称	品项	业务代表	电话／微信	地址	公司电话	汇款资料	统一编号	备注（订货条件）

常用人员联络资料	姓名	职称／业务内容	代表	电话／微信					
	派出所	管区							
	里长								

×× 店 —— 展店工作排程表

月份	8月							
日期	21	22	23	24	25	26	27	28
重要排程								
目标项目	花茶原物料订购出货 训练用咖啡豆订购 牛奶报价	瓶装饮料订购 滤水器厂商联系	包材订货 电器设备订货	门市装修工程确认 纸杯包材到货 餐巾纸、擦手纸到货 鲜奶到货	工程修缮确认 POS系统确认订购	确认制服 电器设备到货	服务流程建立	
A员工			咖啡机操作练习 奶泡练习 办公室用品 咖啡器皿采买 清洁用品	咖啡机操作练习 奶泡练习 咖啡机清洁	器具采买 咖啡机操作练习	餐具采买 小家具采买 试运营物料采买 拿铁实际操作练习	拿铁实际操作练习 服务流程	
B员工				咖啡机操作练习	咖啡机操作练习 新进人事资料	咖啡机操作练习 物料采买 拿铁实际操作练习	拿铁实际操作练习	

后记

你确定要开店了吗？

你确定你准备好，本事够了吗？

如果不是，恭喜你更认识了自己，请好好准备，努力充实自己。

如果是，恭喜你有勇气为梦想拼搏，请好好开一家让自己骄傲的店。

然后，建议你记录下此时的自己，说出你开店前的这一切心情，收好。当你的店开业一年后，请你回头检视这份记录，然后一年一年地回头去检视自己进步了多少，距离目标还有多远，还有什么想做的。

开店和人生一样，即使做足了计划与执行SOP，但计划赶不上变化，要随时提醒自己保持弹性，随机应变。

请记得，不时回顾那份美丽、勇敢的初心、初衷，给自己力量，持续调整前进。